Neue Kinderzimmer

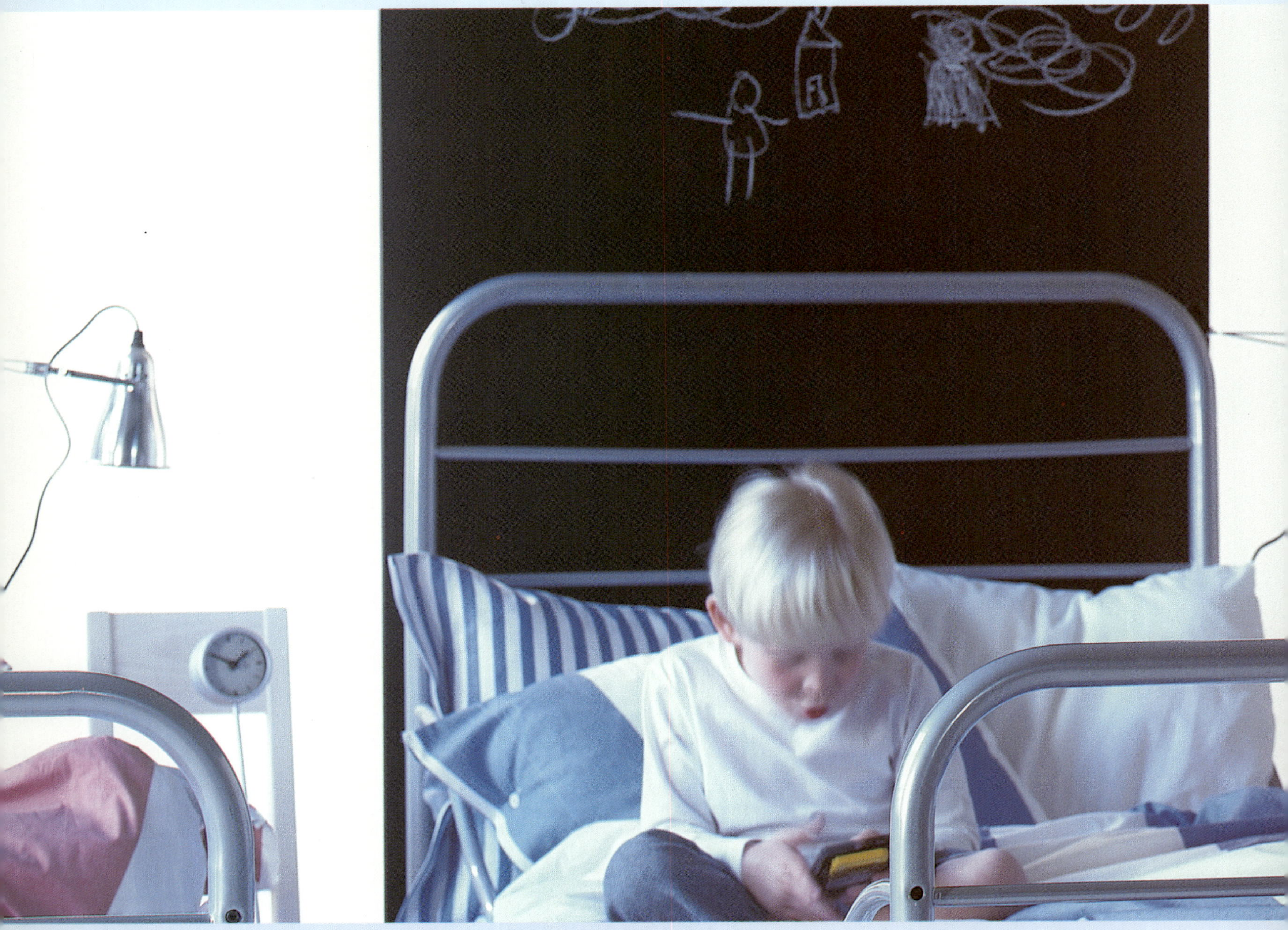

Neue Kinderzimmer

PHANTASIEVOLL • PREISWERT • MITWACHSEND

Joanna Copestick

Deutsche Verlags-Anstalt
Stuttgart München

Für Hannah und Julia und ihre Cousins und Cousinen ersten
und zweiten Grades – bei der letzten Zählung waren es 25.
Und für mein Patenkind Magnus.

Aus dem Englischen übersetzt von
Wiebke Krabbe

Die Deutsche Bibliothek –
CIP-Einheitsaufnahme –
Ein Titeldatensatz für diese Publikation
Ist bei der Deutschen Bibliothek erhältlich

3. Auflage 2006

Titel der Originalausgabe: Children's Rooms

Lektorat: Lorraine Dickey, Muna Reyal, Helen Ridge
Grafische Gestaltung: Leslie Harrington, Alison Fenton,
Rachel Davies
Fotos: Winfried Heinze und Verity Welstead, sowie
Bildnachweis Seite 191
Stylistin: Cathy Sinker
Zeichnungen: Russell Bell
Satz der deutschen Ausgabe: Edith Mocker, Eichenau

Fotos auf dem Umschlag; Vorderseite und Rücken:
Alexander van Berge/Elle Wonen, Rückseite: Camera Press

Printed and bound in China

ISBN 3-421-03460-5

Einleitung

Zu den aufregendsten Aspekten des Eltern-Werdens gehört der Nestbau: die Planung der Einrichtung und Gestaltung des Kinderzimmers. Ist der Nachwuchs dann da, und hat man sich an die Versorgung des neuen Familienmitgliedes gewöhnt, muss man schon bald überlegen, wie man das Babyzimmer den schnell wachsenden Bedürfnissen des Kindes anpasst. Welches auch Ihr Wohnstil ist: in diesem Buch finden Sie Hilfe bei der Planung und Gestaltung des Kinderzimmers von der Geburt bis zum Ende des Grundschulalters.

Ein Babyzimmer ist recht leicht zu planen, denn ein Neugeborenes hat einfache und unmissverständliche Bedürfnisse. Und doch ist es mehr als ein Raum zum Schlafen. Jedes Kinderzimmer sollte auch zum Entspannen, Alleinsein und Spielen taugen. Kinder lieben es, wenn sie bei der Gestaltung ihrer Räume mitreden dürfen. Oft haben sie eine klare Meinung zu Farben, Wanddekorationen und Textilien. Und immer mehr Eltern hören ihnen zu und gestalten das Zimmer so, dass sich Kinder in ihrem eigenen Reich wirklich zu Hause fühlen können. Trotzdem soll natürlich der Geschmack nicht zu kurz kommen.

Kinderzimmer sind oft recht klein, darum kommt es darauf an, den verfügbaren Platz geschickt zu nutzen. Dieses Buch bietet eine Fülle von praktischen Ideen und Vorschlägen für Aufteilung und Dekoration, Stauraum, Sicherheit, Textilien, organisches Wohnen – und für den Garten. Praktische Projekte möchten anregen, eigene, maßgeschneiderte Lösungen zu entwickeln und so beim Nachwuchs Sonderpunkte zu gewinnen.

Als Ergänzung sind die Fallbeispiele gedacht, die zeigen, wie Familien mit unterschiedlichen Wohnstilen den Lebensraum ihrer Kinder gestaltet haben.

Planung

AUF DIE PLANUNG KOMMT ES AN

Ein gelungenes Kinderzimmer ist bunt und einladend, lebhaft, aber aufgeräumt, fröhlich und beruhigend. Das gelingt nur mit guter Planung. Der bevorzugte Wohnstil muss berücksichtigt werden, es muss reichlich Stauraum vorhanden sein, außerdem viel Interessantes fürs Auge und ein behaglicher Schlafplatz.

Die Gründung einer Familie ist eine wichtige Phase im Leben. Ist das Baby dann geboren, hat die relativ sorglose Existenz ein Ende. Man lebt strukturierter und überlegter – und sei es nur um der eigenen Nerven willen. Auch die Auswirkungen von Nachwuchs auf den Wohnstil sind beträchtlich. Eben hatte man noch ein Reservezimmer, vielleicht vollgestopft mit Regalen voll von Dingen, die man irgendwann einmal aussortieren wollte. Im nächsten Moment ist dieser Luxus vorbei. Man muss für das Neugeborene eine Wiege, Stauraum, einen Sitzplatz und einen Spielbereich unterbringen – alles in einem Zimmer. Der Raum, der so selbstverständlich war, fühlt sich plötzlich viel kleiner an, und mit der Zeit weitet sich das Gefühl auf die ganze Wohnung aus. Leicht wird das erste Kinderzimmer eine Sammlung aus eilig zusammengetragenen Einzelstücken. Mit guter Planung lässt sich das vermeiden und es entsteht ein zusammenhängendes Bild, das auch für die schnellen Veränderungen der kommenden Jahre reichlich Flexibilität bietet.

FRÜHER UND HEUTE

Vor rund hundert Jahren sollte man Kinder »weder sehen noch hören«. Ihre Zimmer – oft winzige – lagen meist weit von denen der Eltern entfernt, außer Hörweite unter den Dachschrägen. Im Laufe der Zeit trat das Kinderzimmer aber aus diesem Schattendasein und wurde langsam ein selbstverständlicherer Teil der Wohnung. Spielzeuge und kleinere Möbel wurden eingeführt. Damit waren sie aber noch weit entfernt von den behaglichen Interieurs, die wir unseren Kindern heute bieten.

Heute haben Kinderzimmer in der Wohnung einen ganz anderen Stellenwert. Die Macht der kleinen Nervensägen wird von kommerziellen Anbietern schamlos ausgenutzt, um vielbeschäftigten, eiligen Eltern einzureden, dass ihr Nachwuchs all die neuesten Spielzeuge und sonstigen Errungenschaften braucht. Die Auflösung der traditionellen Kernfamilie hat zusammen mit der modernen Technologie, die oft familiäre Interaktion ersetzt, dafür gesorgt, dass ein persönlicher Bereich für Kinder immer wichtiger wird.

Bedenken Sie, dass Kinder in einem Atem beraubenden Tempo wachsen, bei dem Eltern oft Mühe haben, Schritt zu halten. Gerade noch war man überzeugt, das ideale Babyzimmer eingerichtet zu haben, da steht der Zwerg schon auf und beschließt, dass alle dekorativen Tapetenbordüren in Reichweite abgerissen werden müssen. Und hat man endlich alle Bilder des Vorschulkindes gerahmt und aufgehängt, bringt es – inzwischen Schulkind geworden – noch bessere Kunstwerke mit nach Hause, die ebenfalls sofort einen Platz an der Wand brauchen. Genießen Sie diese Zeit, denn es wird nicht lange dauern, bis der oder die Neunjährige um Erlaubnis bitten wird, ausgerissene Zeitschriftenfotos von kuscheligen Tieren oder pubertierenden Popstars an die Wände kleben zu dürfen. An den Flecken der Klebestreifen werden Sie lange Freude haben. Behalten Sie die Zukunft fest im Blick und seien Sie der Entwicklung Ihres Kindes möglichst einen Schritt voraus. Und lassen Sie sich nicht einreden, dass Kinder konservativ sind. Sie lieben es, wenn sie alle paar Jahre von einem neuen Look umgeben sind.

Es fördert die Kreativität, wenn Kinder in die Planung eines bestimmten Bereiches einbezogen werden. Es muss nur klar sein, wer die endgültige Entscheidung trifft. Kinder mögen zwar über Einschränkungen murren, generell genießen sie es aber, ihre Ideen einzubringen – und dabei von der Verantwortung der »richtigen« Entscheidungen entbunden zu sein. Und wenn Ihr Kind einmal schimpft, dass die Wandfarbe nicht so cool ist wie die im Zimmer des besten Freunds, dürfen Sie es gern daran erinnern, dass es diese Farbe selbst ausgesucht hat.

LINKS Kinder brauchen nicht unbedingt aufwändig dekorierte Wände. Manchmal reicht eine plakative Fläche aus, um einen bestimmten Bereich zu markieren und optisch abzugrenzen.

GANZ LINKS Umgebaute Dachböden sind als Kinderzimmer beliebt. Hier ist trotz des eigentümlichen Grundrisses genug Platz für zwei Gitterbetten, die später durch normale Betten ersetzt werden können.

DAS BABYZIMMER

Zum Gründen einer Familie gehört auch die Einrichtung des ersten Zimmers – manche jungen Eltern finden das etwas einschüchternd. Andererseits haben Sie nun die Freiheit, Ihren bevorzugten Stil zu verwirklichen: lebhaft, zurückhaltend, bunt oder ruhig. Ehe man mit dem vergnüglichen Teil der Farbgestaltung beginnt, muss aber die Aufteilung festgelegt werden, damit das Ergebnis auf Anhieb gelingt.

Vor allem darf man nie vergessen, wie schnell sich Babys entwickeln und verändern. Es kann leicht geschehen, dass die liebevoll bemalten Möbel oder aufgetupften Schablonenmuster überholt sind, ehe sie abgenutzt sind. Wer mit Kindern zu tun hat, muss lernen, stets flexibel und offen für Veränderungen zu sein.

Bedenken Sie, dass Ihr Kind dieses Zimmer einige Jahre lang bewohnen wird. Planen Sie voraus, sofern Sie nicht vorhaben, es jährlich neu zu dekorieren oder zu renovieren. Wählen Sie die Farben mit Bedacht und vermeiden Sie klassische Babyelemente, die sich im Handumdrehen überholt haben. Die Babyatmosphäre lässt sich leicht durch Accessoires schaffen, die später schnell und preiswert gegen passendere ausgetauscht werden.

Es ist verlockend, loszuziehen und für das erste Kind alles neu zu kaufen. Oft sind gebrauchte Stücke aber günstiger – vor allem solche, die kaum strapaziert werden. Sessel kann man mit einem neuen Bezug oder einer Husse aufmöbeln, Kommoden sehen mit einem neuen Anstrich wieder frisch aus – beide eignen sich perfekt für das Kinderzimmer und man kann sie später sogar noch anderswo im Haus weiter verwenden.

Wer jetzt etwas mehr Geld ausgibt und vielleicht eine bemalte Spielzeugkiste, einen kleinen Tisch mit Stuhl, ein Standregal oder eine Sammlung von Bilderbüchern anschafft, kann sie später an andere Kinder in der Familie vererben, vielleicht sogar über Generationen.

RECHTS Frei stehende Schränke sind als Stauraum für alle Altersklassen praktisch. Man kann sie passend zur Einrichtung neu streichen, wenn das Kind älter wird, und sie bieten Platz für alles, was man braucht – von Windeln und Babyöl bis zu Kleidern und später Spielzeugen.

Ist das Zimmer oder ein Bereich für das Baby festgelegt, kann die Aufteilung geplant werden. Fallen bei der Renovierung größere Eingriffe an, sollten Sie überlegen, ob vielleicht Heizung, Beleuchtung oder Stauraum eingebaut werden können. Ersetzen Sie große, hässliche Heizkörper durch kleine, ebenso leistungsfähige Typen. Säuglingszimmer sollten während der ersten Monate eine konstante Temperatur haben (siehe Seite 25). Wird ein Baby im Winter geboren, sorgen Sie rechtzeitig dafür, dass die Heizungsanlage zuverlässig funktioniert.

OBEN Wird für das Gitterbett ein Blickfang geschaffen, kann dieser später für das größere Bett verwendet werden. Unter dem Stoffhimmel schläft es sich wunderbar – das wissen Babys und größere Kinder zu schätzen.

WO WOHNT DAS BABY?

Während der ersten Monate schlafen Babys meist im Schlafzimmer der Eltern. Mütter, die stillen oder mit Kaiserschnitt entbunden haben, sind gut beraten, Körbchen oder Wiege gleich neben dem eigenen Bett aufzustellen, damit sie nachts keine langen Wege zurücklegen müssen.

Ein freies Zimmer – meist wird es das kleinste sein – kann als Babyzimmer hergerichtet werden. Ist ein solches Zimmer nicht vorhanden, kann man auch im Schlafzimmer einen Bereich abteilen. Im Idealfall sollte das Zimmer im ersten Lebensjahr des Kindes im gleichen Geschoss wie das Elternschlafzimmer liegen und schnell erreichbar sein.

Babys brauchen für ein behagliches Leben nur wenig, darum kann die Einrichtung einfach sein. Selbst ein winziges Zimmer ist groß genug für ein Kind bis zu zwei Jahren, solange genug Platz für ein Bett, eine Kommode und eine Lampe vorhanden ist. Ein Mobile lässt sich immer noch unterbringen.

Ist das Zimmer sehr klein, sollten Sie die Wände zum Schaffen von Stauraum nutzen. Im ersten Jahr können Hakenleisten an der Wand, ein frei stehender Schrank oder eine Kommode ausreichen. Für die wachsende Sammlung von Quietschtieren und Klappern reicht anfangs ein Korb, in dem alles schnell aufgeräumt ist.

Hat der Raum eine hohe Decke, kann man den Bereich über der Tür für Regale oder Hängekörbe nutzen. Selten benutzte Dinge können in anderen Räumen aufbewahrt werden. Eventuell kann man auch eine Wand durchbrechen, um den Raum zu erweitern. (Mehr zum Thema Stauraum auf Seite 58–91).

LINKS Ein blitzsauberes Zimmer ganz in Weiß wirkt ruhig und angenehm schlicht. Die lackierten Dielen sind attraktiv und günstig bei Allergien, das Fell fühlt sich unter den Füßen schön weich an.

LICHT FÜRS BABYZIMMER

Im Babyzimmer ist die Beleuchtung besonders wichtig. In den ersten Monaten, wenn nachts noch gefüttert oder gestillt wird, brauchen Sie ein sanftes Nachtlicht – gerade hell genug, dass Sie sehen, was Sie tun, aber nicht so hell, dass das Baby ganz aufwacht. So ein Licht ist auch praktisch, wenn man nur einmal nachsehen will, ob das Baby gut schläft. Ideal ist eine Hängelampe mit einem Dimmer, aber auch eine Tischleuchte mit schwacher Glühbirne eignet sich, sofern sie stabil steht. Nützlich ist auch ein kleines Nachtlicht in einer Steckdose in der Nähe des Bettchens, in die man auch den Babymelder einstecken könnte.

Sorgen Sie auch dafür, dass der Weg zwischen Babyzimmer und Schlafzimmer sanft beleuchtet ist. So finden Sie sich nachts zurecht, ohne das grelle Licht einschalten zu müssen. Ist das Babyzimmer nur über eine Treppe zu erreichen, etwa im ausgebauten Dachgeschoss, könnte man in die Wand neben jeder Stufe kleine runde Halogenlämpchen im maritimen Stil einlassen. Das sieht gut aus und ist praktisch, weil so auch vergessene Spielzeuge nicht zu Stolperfallen werden können.

Babys lieben leuchtende Farben. Sie könnten eine bunte Lichterkette an einer Wand anbringen und sie gelegentlich der optischen Wirkung wegen einschalten. So eine Kette darf sich allerdings keinesfalls in Reichweite des Kindes befinden. Leuchtend bunte Lampenschirme sind preiswert und lassen sich bei Bedarf auch schnell einmal auswechseln. Eine wunderbare Unterhaltung für Kinderaugen sind auch spezielle Lampen, die kleine Bilder von Sternen oder Teddybären auf Wände und Decke werfen.

RECHTS In diesem sehr klassisch eingerichteten Zimmer wirft die Kette aus Papierlaternen zur Schlafenszeit ein schönes Licht. Sie muss außerhalb der Reichweite des Babys angebracht werden.

BODENBELAG

Babys brauchen es kuschelig, meint man. Darum ist die Versuchung groß, für das neue Kinderzimmer einen weichen Teppich zu kaufen. Denken Sie daran, dass das hilflose Baby in kaum einem Jahr Experte für das Kleckern, Krümeln und Verschütten sein wird. Vielleicht ist es doch besser, die modische Auslegware auf die nächste Renovierung zu verschieben und sich zunächst mit einem preiswerten Teppich zu begnügen. Eine noch bessere Lösung können geschliffene, lackierte Bodendielen oder ein Parkett- oder Laminatboden sein. Ein großer Läufer, der fast die ganze Bodenfläche einnimmt, sorgt für Gemütlichkeit – aber vergessen Sie nicht, eine Anti-Rutsch-Matte unterzulegen. Wer es minimalistisch mag, könnte robustes Gummi, Linoleum oder Vinyl verwenden.

Naturfasermatten sind zwar organisch und für Allergiker recht empfehlenswert, aber rau zu Babys Knien, sobald es zu krabbeln beginnt. Wenn Allergien oder Asthma ein Problem in der Familie sind, sollten Sie sich für einen Hartboden mit Läufern entscheiden.

FENSTER

Für die Fensterdekoration im Babyzimmer ist es am wichtigsten, dass eine Abdunklungsmöglichkeit vorhanden ist, vor allem in den Sommermonaten. Hat das Baby erst einmal feste Schlafgewohnheiten entwickelt, wünscht man sich natürlich, dass es nicht geweckt wird, nur weil Licht in den Raum fällt. Ein separater Abdunklungsstoff kann an Jalousien oder Vorhängen befestigt und im Winter abgenommen werden, allerdings hat er auch eine gute Isolierwirkung. Springrollos und Raffjalousien lassen sich gut kombinieren. Wenn sie einfarbig sind, könnte man sie beispielsweise mit einer hübsch verzierten Holzblende am Gardinenbrett aufwerten. Das Angebot an »typischen« Kinderzimmerstoffen ist verlockend groß, doch auch sie sollte man besser nur sparsam einsetzen, etwa für Raffhalter und Kissenbezüge.

RECHTS Schachbrettmuster sind zeitlos und eignen sich für Kinder beiderlei Geschlechts. Hier wurde passend zum Sesselstoff auf einen Teil der Bodenfläche ein Karomuster aufgemalt. Man könnte es auch über den ganzen Boden ausdehnen, die Konturen farbig absetzen oder es als Bordüre um den Raum laufen lassen.

LINKS Ein schön bemaltes Kinderbett kann zum Erbstück werden, vor allem, wenn es ein besonderes Einzelstück ist oder liebevoll von Hand dekoriert wurde. Schützen Sie es mit einem biologischen, möglichst matten Klarlack auf Wasserbasis. Ein Mobile, das außerhalb der Reichweite des Babys über der Wiege aufgehängt ist, sorgt für Zeitvertreib.

MÖBEL

Wählen Sie die ersten Möbel für das Babyzimmer mit Bedacht aus, danach bringt die Zeit die Entwicklung des Raums voran. Überlegen Sie, wie lange das Kind in diesem Raum schlafen soll. Wenn Sie vorhaben, bald umzuziehen, brauchen Sie kein Kinderzimmer zu schaffen, auf das Peter Pan stolz wäre. Sparen Sie die Energie und genießen Sie lieber die Schwangerschaft.

EIN BETT AUSWÄHLEN

Das Bett ist das wichtigste Möbel eines kleinen Kindes. Wenn Sie eine große Familie haben möchten, sollten Sie eines wählen, das lange hält. Bequemlichkeit muss die oberste Priorität sein. Berücksichtigen Sie aber auch Ihren persönlichen Stil und wählen Sie ein Bett, das zu Ihrer sonstigen Einrichtung passt. Die Auswahl ist gar nicht so einfach. Es kann aus Naturholz sein oder bunt bemalt sein, es kann ein Standmodell oder eine Wiege sein, ein Gitter mit herausnehmbaren Stäben oder einen höhenverstellbaren Boden haben, mit zusätzlichen Spielplattformen ausgestattet sein – das Angebot ist enorm.

RECHTS Kinderbetten mit verstellbarem Boden sind besonders praktisch. Solange das Baby noch nicht mobil ist, wird die Matratze in der höchsten Position eingehängt – das schont den Rücken von Mutter oder Vater. In der niedrigsten Stellung kann das Bett wesentlich länger benutzt werden. Dieses Modell aus lackiertem Holz hat robuste Gitterstäbe, kräftige Füße und eine breite Kantenleiste aus glattem Holz, auf der auch kleine Spielzeuge abgelegt werden können.

Alte und antike Betten

Alte Holzbetten sind immer ein schöner Blickfang. Selbst antike Stücke kann man problemlos verwenden, sofern man Matratze und Bettwäsche neu kauft. Gerade Kinderbettchen werden oft auf dem Dachboden für spätere Generationen aufbewahrt. Falls ein altes Möbel abgebeizt, abgeschliffen und neu gestrichen werden muss, bedenken Sie, dass schwangere Frauen Lösemitteldämpfe und den Staub alter, eventuell bleihaltiger Farben auf keinen Fall einatmen sollten. Verwenden Sie Dispersionsfarben oder Lacke auf Wasserbasis mit einem geringen Anteil an flüchtigen Bestandteilen oder – noch besser – organische Farben (siehe Seite 134–137). Weiß lackierte Kinderbetten aus den 1960-er Jahren mit stilisierten Tiermotiven in Blau und Rosa sehen heute schon antik aus und könnten sich bald zu Sammlerstücken entwickeln. Französische Eisenbetten sind besonders schön, aber nicht ganz so sicher wie Holzbetten, weil der Abstand zwischen den Gitterstäben oft größer ist. Traditionelle Wiegen sind einfach zauberhaft und als Erbstück bestens geeignet. Außerdem können größere Kinder sie auch als Puppenbett benutzen.

Moderne Kinderbetten

Ovale, lackierte Wiegen wirken modern und schwungvoll. Eine tief angebrachte Matratze in einem schlicht weiß gestrichenen Gitterbett passt in ländliche und urbane Einrichtungen. Grundsätzlich sind frei stehende Kinderbetten praktischer, weil man sich ihnen von allen Seiten nähern kann.

Eine besonders sinnvolle Investition, vor allem, wenn man mehrere Kinder haben möchte, sind Gitterbetten, die sich später zu Kinderbetten von vernünftiger Größe umbauen lassen. Lassen Sie sich beim Kauf beraten, denn manche Betten sind nur bis zum Alter von drei oder vier Jahren geeignet.

OBEN Das Designerbett aus Metall ähnelt klassischen Krankenhausbetten. Man kann es in großen Wohnungen bequem umherschieben und so den Schlafplatz ganz flexibel wählen.

OBEN LINKS Coole Babys brauchen coole Betten. Dieses ultramoderne Modell würde gut in einen Loft in der Stadt passen.

LINKS Manchmal kann man der Versuchung, ein originelles Bett anzuschaffen, einfach nicht widerstehen. Diesen Bollerwagen werden auch ältere Kinder sehr zu schätzen wissen.

UNTEN Ein Klappbett ist ideal für Babys, die oft mit auf Reisen gehen. Mit dem Kuh-Druck und dem schlichten Holzrahmen sieht es sehr ansprechend aus.

Schlafkörbchen

Neben dem klassischen Moses-Körbchen gibt es heute auch Tragetaschen mit und ohne Verdeck, teilweise als abnehmbares Kinderwagen-Oberteil konzipiert. Solche Schlafgelegenheiten sind praktisch, eignen sich aber nur für die ersten drei Monate eines Babylebens. Darum ist es sinnvoll, sie gebraucht zu kaufen oder auszuleihen. Eventuell müssen Sie einen Unterbau, auf dem das Körbchen stehen soll, separat dazu kaufen.

WICKELTISCHE

Ins Babyzimmer gehört unbedingt ein Platz, um die Windeln zu wechseln. Die einfachste Lösung ist eine Wickelmatte auf einer kleinen Kommode oder – wenn Ihnen das nichts ausmacht – auf dem Boden. Sobald das Baby zu krabbeln beginnt, ist das ohnehin der sicherste Platz. Im Fachhandel findet man verschiedene spezielle Wickeltische. Manche lassen sich später zu kleinen Tischen umwandeln, andere können nach der Windelphase als Kommode weiter benutzt werden. Einige haben feststellbare Rollen, was besonders praktisch ist, wenn man in einer offenen Wohnung lebt.

Achten Sie unabhängig vom Modell darauf, dass es eine bequeme Höhe hat und Sie beim Wickeln Ihren Rücken nicht strapazieren. Praktisch ist es, wenn ringsum etwas Ablagefläche vorhanden ist. Hängen Sie ein Mobile oder etwas anderes Interessantes zum Anschauen. Wenn das Baby mobiler wird, geben Sie ihm ein Spielzeug oder ein kleines Bilderbuch zur Ablenkung in die

OBEN Ein alter Küchentisch, zum Wickeltisch umfunktioniert, ist praktisch und sieht gut aus.

OBEN LINKS Spezielle Wickeltische werden als unverzichtbar angepriesen, sie werden aber nur für relativ kurze Zeit gebraucht. Dieses einfache Buchenmöbel kann später als Regal benutzt werden.

LINKS Dieser hübsche Wickeltisch ist aus Spanplatte gebaut und passend zu den Wänden lackiert worden. Darüber hängt ein Objektrahmen, in den immer wieder neue Dekorationen eingelegt werden können.

Hand, bis Sie mit dem Windelwechsel fertig sind. Wenn Sie eine einfache Kommode als Wickelfläche benutzen, ist genug Stauraum für frische Windeln, Kleider, Reinigungstücher und Lotion vorhanden. Am besten bewahren Sie hier auch die Wickeltasche auf, damit Sie nicht suchen müssen, wenn Sie einmal in Eile das Haus verlassen.

SITZMÖBEL

Ein bequemer Sessel ist wichtig, damit Mutter und Baby es während der nächtlichen Fütterung bequem haben und schläfrig bleiben. Auch am Tag mag man sich gern einmal setzen, zum Füttern oder einfach zum Zuschauen, wie das Kind auf dem Wickeltisch strampelt oder auf dem Boden krabbelt. In eine moderne Wohnung würde auch ein großer Sitzsack sehr gut passen.

SICHERHEIT

Vermeiden Sie Verlängerungskabel, über die Sie nachts stolpern könnten. Wenn das Baby mobil wird, müssen alle gefährlichen Gegenstände aus der Reichweite des Bettes entfernt werden. Unter einen Läufer auf einem Holzboden gehört unbedingt eine Gummimatte. Rutschige Hochglanzfarbe auf dem Boden ist für schwangere Frauen und für kleine Kinder eine Gefahr. Das Bett darf nicht zu nahe an der Heizung oder an einem zugigen Fenster stehen, damit der kleine Körper nicht zu viel Mühe hat, seine Temperatur zu regulieren. In Zimmern von neu geborenen Babys wird eine Temperatur von 19–22°C empfohlen. Mit einem elektrischen Babywächter sind Sie auch in anderen Räumen immer im Bild, ob das Baby schläft oder schreit.

RECHTS Ein großer, gemütlicher Sessel ist in einem Kinderzimmer sehr einladend. Praktisch ist der abnehmbare Bezug, der bei Bedarf einfach gewaschen wird.

DAS KRABBELZIMMER

Das Baby wird schnell zu einer kleinen Persönlichkeit, die ständig in Bewegung ist und alles erkunden will. Manchmal spielt das Kind schon kurzzeitig allein, darum sollte das Zimmer der Neugier und Abenteuerlust entsprechen und bestens gesichert sein. Meistens halten sich Kleinkinder in der Nähe ihrer Eltern oder Bezugspersonen auf, gelegentlich aber ziehen sie sich auch in ihren eigenen Bereich zurück. Die Gestaltung des Zimmers für ein Krabbelkind muss flexibel und vielseitig sein und möglichst für zukünftige Entwicklungen Platz lassen.

Sicherheit und eine sinnvolle Aufteilung sind die wichtigsten Gestaltungskriterien für dieses Kindesalter. Kleinkinder sind enorm neugierig und kennen keine Angst, weil sie sich keiner Gefahren bewusst sind. Ein schneller Sicherheitstest ist einfach. Gehen Sie einmal auf die Knie – auf Augenhöhe eines Kleinkinds – und halten Sie Ausschau nach Gefahren. Hängende Kabel, kleinteilige Spielzeuge, Cremedosen und -flaschen sind potenzielle Risiken für kleine Kinder. Es ist wichtig, Spielzeuge mit kleinen Einzelteilen weit außerhalb der Reichweite von Kleinkindern aufzubewahren, auch Flaschen mit Babyöl und Medikamente müssen in sicherer Höhe stehen.

Außerdem ist es aus Sicherheitsgründen sinnvoll, das Bett nicht zu nahe an Heizkörpern oder Fenstern aufzustellen. Ein elektrischer Babymelder in Bettnähe ist praktisch, vor allem, wenn das Kind tagsüber noch schläft.

Eventuell ist inzwischen ein jüngeres Geschwisterkind geboren, mit dem das ältere Kind das Zimmer teilen muss. Neben dem Säugling muss besonders auf das größere Kind eingegangen werden, damit es sich wohl fühlt. Es sollte einige Dinge ganz für sich allein haben, vielleicht eine Kiste für die Kuscheltiere, ein Bücherregal, neue Bettwäsche oder eine Messlatte.

RECHTS Das wichtigste Möbel im Zimmer des Kleinkinds ist das Bett. Dieses elegante, traditionelle Modell – ein umgebautes Gitterbett – passt in den gut proportionierten, hellen Raum.

MÖBEL UND STAURAUM

Wenn das Kind etwa zwei Jahre alt ist, kann das Gitterbett durch ein offenes Bett ersetzt werden. Viele Gitterbetten lassen sich problemlos umbauen. Wenn Sie aber ein zweites Kind planen, soll dies vielleicht das Gitterbett erben.

Beim Kauf eines neuen Betts müssen verschiedene Faktoren bedacht werden. Im Hinblick auf die Zukunft kann die Anschaffung eines Einzelbetts sinnvoll sein, das später, wenn die Familie wächst, zu einem Hoch- oder Etagenbett umgebaut werden kann. Für ein kleines Zimmer ist auch ein Kojenbett mit integriertem Stauraum eine gute Lösung.

Der Umzug aus dem Gitterbett in das »richtige« Bett ist ein großer Schritt, der um so aufregender wird, wenn das neue Bett behaglich und einladend ist. Hoch- und Etagenbetten sind für Kinder dieses Alters noch ungeeignet. Ideal sind dagegen bunt bemalte Bettgestelle oder Betten, die wie ein Boot, ein Auto oder das Bett einer Prinzessin aussehen. Aus Holz, MDF-Platte oder Stoff lassen sich fantasievolle Dekorationen oder Himmel fertigen, die beispielsweise an der Decke aufgehängt werden. Wenn das Bett den Blickfang des Zimmers bildet, sollte die restliche Gestaltung schlicht bleiben. Passend zum großen Bett könnte das Kind nun auch eine große Bettdecke mit neuer Bettwäsche bekommen.

Minimöbel, vor allem kleine Stühle und Sofas, sind nur bis zum Alter von etwa sechs Jahren praktisch. Kleine Kinder lieben sie jedoch, denn sie kopieren gern die Erwachsenen. Außerdem regen solche kleinen Möbel das selbstständige Spielen an. Die kleinen Kindermöbel lassen sich jederzeit problemlos in den Bereich der Erwachsenen bringen, und die Erinnerung an den ersten »eigenen«, vielleicht bunt bemalten Kinderstuhl bewahrt man sich oft bis ins Erwachsenenalter. Auch Sitzsäcke sind bei Kindern fast jeden Alters enorm beliebt – als Sitzmöbel, Spielzeug und gelegentlich als Waffe. Niedrige Truhen, eingebaut oder frei stehend, können mit einer gepolsterten Oberseite ebenfalls als Sitzmöbel dienen. Ein kleiner Tisch mit einem Stuhl oder Sitzsack neben einem niedrigen Regal mit Büchern oder Spielzeug gibt dem Kind die Möglichkeit, sich selbstständig zu beschäftigen und seine motorischen Fähigkeiten zu trainieren. Achten Sie aber darauf, dass es nicht gerade mit Lampenkabeln, Parfumflaschen oder der Schminktasche »trainiert«.

Der Bedarf an Stauraum und Kleiderschrankvolumen wird jetzt zunehmen. Bücher und größere Spielzeuge machen sich im Kinderzimmer breit. Besonders flexibel ist eine Kombination aus frei stehenden und eingebauten Elementen. Natürlich können Stücke aus dem Säuglingszimmer verwendet werden – die Spielzeugkiste, der gemütliche Sessel und Regale, vielleicht mit einem neuen Anstrich.

OBEN Ein niedriges Bett lässt sich mit einigen Kanthölzern schnell in ein Himmelbett verwandeln. Jeder Pfosten ist anders dekoriert, eine duftige Stoffbahn bildet den Himmel.

RECHTS Kleine Tische und Stühle sehen niedlich aus und sind sehr praktisch. Kinder lieben Möbel in maßgeschneidertem Format, weil sie sie selbstständig benutzen können.

Kleiderschränke im Zwergenformat sind niedlich, werden aber schnell zu klein. Praktischer und ebenso individuell ist beispielsweise ein alter Spind, ein Vertiko oder eine hohe Kommode. Bis zum Alter von etwa sechs Jahren kann man auf einen klassischen, hohen Kleiderschrank leicht verzichten. Wer aber bereits einen Kleiderschrank besitzt, sollte den Innenraum optimal nutzen und Schubladenkästen hineinstellen, eine zusätzliche Kleiderstange oder Regalböden einhängen.

Im Zimmer eines Kleinkinds müssen auch die vielen Spielsachen untergebracht werden. Plastikkisten für das Angebot des Kaufmannsladens, das Miniküchenzubehör oder die Bauklötze gehören unbedingt zur Ausstattung eines modernen Kinderzimmers. Man kann nie genug mittelgroße Kisten haben. Wenn der eingebaute Stauraum voll ist, lässt er sich jederzeit durch frei stehende Elemente erweitern. Große Körbe, Holzkisten auf Rollen und die erprobte Spielzeugkiste wirken Wunder, wenn es ans Aufräumen geht. Stehen alle Kisten und Kästen niedrig genug, kann das Kind sich sein Spielzeug nicht nur leicht selbst holen, es kann auch von Anfang an lernen, Ordnung zu halten. Wenn jedes Ding seinen Platz hat, lernt ein Kind bald, wo es seine Spielsachen findet und wohin sie nach Gebrauch gelegt werden sollen. (Weitere Stauraum-Ideen: siehe Seite 58–79).

Kleinkinder gewöhnen sich schnell an ihre Spielzeuge. Wenn möglich, sollten Sie ein offenes Regal einrichten, in dem häufig benutzte Spielsachen offen aufgestellt werden. Tauschen Sie sie alle paar Monate durch andere aus, die in der Zwischenzeit auf dem Dachboden oder im Keller aufbewahrt wurden. Das Kind wird reagieren, als hätte es ganz neue Spielsachen vor sich.

LINKS Kleine Kinderzimmermöbel lassen viel Wandfläche frei, die attraktiv gestaltet werden kann. Dieses eher durchschnittliche Zimmer hat durch die großflächige Fototapete mit dem Landschaftsmotiv sehr gewonnen. Wählen Sie eine möglichst realistische Fototapete oder gestalten Sie eine eigene Collage aus großen Farbkopien oder Postern. Und wenn sich Alter und Geschmack ändern, kann man sie einfach wieder abnehmen.

BELEUCHTUNG

Eine Lampe am Bett ist für die Gute-Nacht-Geschichte unerlässlich. Für kleine Zimmer sind Wandlampen praktisch, die auch in witzigen Formen angeboten werden – von der Zeichentrickfigur bis zum Boot.

Achten Sie darauf, dass die Steckdosen an praktischen Stellen installiert und in ausreichender Zahl vorhanden sind. Außer der Bettlampe soll vielleicht auch ein Kassettenrekorder zum Abspielen von Kinderkassetten angeschlossen werden. Bei der Platzierung der Geräte muss darauf geachtet werden, dass das Kind nicht über frei hängende Kabel stolpern kann.

Wenn nicht schon im Babyalter ein Dimmer eingebaut wurde, sollten Sie das jetzt nachholen, weil Kleinkinder meist einen Mittagsschlaf halten. Praktisch sind Lampenschirme, die Sie selbst dekorieren können. In diesem Alter zeigen die meisten Kinder schon bestimmte Vorlieben für Fußball oder Feen, Lastwagen oder Comicfiguren, auf die man leicht eingehen kann, ohne gleich das ganze Zimmer neu zu dekorieren.

In diesem Alter sind auch feste Deckenlampen günstig, während Stehlampen und Tischlampen ständig in Gefahr schweben, umgestoßen zu werden. Deckenlampen geben ein gutes, klares Licht zum Malen, Zeichnen und Basteln.

BODENBELÄGE

Ein strapazierfähiger Bodenbelag ist in diesem Alter besonders wichtig. Praktisch sind geschliffene und bunt oder klar lackierte oder gebeizte Bodendielen, die durch dicke Woll-Läufer in fröhlichen Farben gemütlich wirken. Die Dielen lassen sich leicht sauber halten, die Läufer sollten unbedingt waschbar sein. Beim Abschleifen von Bodendielen sollten Sie größere Risse und Spalten spachteln, sonst verschwinden kleine Spielzeuge leicht in ihnen.

Teppiche sind zwar weich und gemütlich, aber für ein Kleinkinder-Zimmer nicht gerade die praktischste und gesündeste Lösung. Hatte das Babyzimmer einen Dielenboden, möchten Sie vielleicht jetzt trotzdem einen Teppich verlegen, weil das Kleinkind sich fast ausschließlich auf dem Boden aufhält, wenn es sich mit seinem Spielsachen beschäftigt. Wer einen natürlichen Look mag, könnte einen Teppich mit Sisal- oder Kokosoptik wählen. Generell fallen auf einem strukturierten Teppich Flecken weniger ins Auge als auf einem einfarbigen.

FENSTER

Auch die Fenster im Zimmer des Kleinkindes vertragen etwas Dekoration. Einfache Springrollos kann man mit Textilblumen oder ausgeschnittenen Formen – vielleicht Autos oder Tieren – aus Filz verzieren. Schlichte Vorhänge mit Ringen oder Schlaufen sehen hübsch aus, vor allem, wenn die Stange passend zur Wand oder in einer Kontrastfarbe lackiert und mit originellen Endstücken verziert ist. Wer zum ersten Mal Vorhänge kauft, sollte einen relativ zeitlosen Stoff wählen. Das Aussehen schlichter Vorhänge lässt sich durch Borten oder Knöpfe später schnell und ohne große Kosten verändern. Auch Raffhalter sind einfacher auszutauschen als ganze Vorhänge. Karos, Streifen und Vichykaro eignen sich gleichermaßen gut für Jungen und Mädchen, für Kinder und Erwachsene.

Wer Sorge hat, dass ein allzu neugieriges Kleinkind auf die Fensterbank klettern und sich in Gefahr bringen könnte, sollte Kindersicherungen an den Fenstern anbringen. So kann gelüftet werden, ohne dass das Fenster sich ganz öffnen lässt.

LINKS Rollos im nostalgischen Look sind für ein Mädchenzimmer dekorativ und praktischer als Vorhänge, außerdem brauchen sie weniger Stoff. Das florale Muster passt auch zu häufiger wechselnden Wandfarben. Eine Bommel-Bordüre bringt zusätzlichen Spaß.

OBEN Spielen Sie im Kinderzimmer mit den Details. Lichtschalter können originelle Unterlagen aus Moosgummi bekommen, selbst die Schnüre von Zuglampen lassen sich mit etwas Phantasie ganz individuell gestalten.

LINKS Vernachlässigen Sie bei der Planung des Kinderzimmers nicht die Wände und den Fußboden. Schlichte Formen und plakative Muster bieten sich für eine Einrichtung im modernen Stil an. Klar umgrenzte Farbflächen an den Wänden wirken ebenso gut wie einfarbig gestrichene Wände. Für den Fußboden eignen sich gemustertes Vinyl oder Linoleum, aber auch moderne Schablonenmalereien.

VORSCHULKINDER

Im Alter von drei bis fünf Jahren wird aus dem Kleinkind, das ein Experte für das große Chaos war, langsam ein kleiner, zivilisierter Mensch – zumindest in der Theorie. Plötzlich wird die Vorstellung, ein kleiner Erwachsener zu sein, ganz unwiderstehlich und das Verkleiden und So-tun-als-ob wird zum wichtigsten Spiel. Cowboys, Prinzessinnen, Comic-Superhelden, Astronauten und natürlich Mama und Papa sind die Lieblingsrollen. Darum darf in diesem Alter eine Verkleidekiste oder eine Kleiderstange im Kinderzimmer nicht fehlen. Wer darauf verzichtet, muss damit rechnen, dass die Kleinen kurzerhand den elterlichen Kleiderschrank entern und mit den sorgsam zusammengelegten Kleidungsstücken und geliebten Accessoires Verkleiden spielen.

Das Vorschulalter ist besonders wichtig. Kinder dieses Alters sind enorm kreativ, sie lernen viel durch das Experimentieren mit Farben und Materialien, aber auch im Rollenspiel. Regen Sie die Kreativität an, indem Sie die notwendigen Utensilien bereit stellen. Ist im Kinderzimmer nicht genug Platz, kann auch ein separater Bereich anderswo in der Wohnung eingerichtet werden.

Obwohl auch Vorschulkinder noch gern in der Nähe ihrer Eltern oder Bezugspersonen spielen, ziehen sie sich doch schon häufiger für kurze Zeit allein oder mit Freunden in ihren eigenen Bereich zurück. Achten Sie auf Sicherheit und sorgen Sie für ausreichend Stauraum in niedriger Höhe, um die Selbstständigkeit des Kindes zu fördern.

Wenn Geschwister sich ein Zimmer teilen, kann es sinnvoll sein, die Bereiche subtil abzugrenzen. Beispielsweise könnte jedes Kind einen eigenen Bettvorleger haben, der das Territorium markiert. Durch zwei niedrige Regale, die vielleicht einen Lese- und Spielbereich abtrennen, lässt sich der Raum gliedern. Auch eine Messlatte an der Wand hilft dabei, den beiden Persönchen gerecht zu werden. Natürlich darf jedes Kind die Farbe, mit dem seine Fortschritte angezeichnet werden, selbst aussuchen.

Wenn es um Rivalitäten über Besitztümer geht, unterscheiden sich Jungen und Mädchen kaum. Gleiche Betten sehen hübsch aus und verhindern Streitigkeiten darüber, wer das Schönere hat. Mehr Einheitlichkeit lässt sich mit identischen Nachtschränkchen, Spielzeugkisten oder Regalen an den Enden der Betten schaffen. Damit das Zimmer nicht zu gleichförmig wirkt, könnten Sie durch verschiedene Lampen oder Bettwäsche der Individualität und den Interessen der Kinder Rechnung tragen.

OBEN Wenn Geschwister ein Zimmer teilen, ist ein Paravent, der sich auch als Kaspertheater benutzen lässt, ausgesprochen praktisch, vielseitig und originell.

OBEN Kleiderhaken mit Monogramm helfen Kindern zu lernen, dass auch Bademantel und Pyjama einen Platz haben. Malen Sie die Monogramme von Hand oder mit einer Schablone auf Holzschildchen und lassen Sie die Kinder dabei helfen.

VERÄNDERUNGEN

Das Vorschulalter ist die Zeit des zwanglosen Lernens. Helfen Sie dem Kind dabei, unbewusst, quasi im Vorbeigehen zu lernen, indem Sie beispielsweise einen Läufer mit Buchstaben oder Zahlen kaufen. Kinder interessieren sich jetzt auch verstärkt für Bücher – Bilderbücher und solche zum Vorlesen. Darum darf eine gute und sichere Lampe am Bett nicht fehlen. So kann das Kind auch lernen, selbstständig das Licht auszuschalten. Viele Kinder dieses Alters träumen lebhaft, wachen nachts auf und fürchten sich im Dunklen. In solchen Fällen ist es sinnvoll, das Nachtlicht aus der Babyzeit oder den Dimmer wieder zu aktivieren.

Der Fußboden ist die liebste Spielfläche. Er wird fast ständig mit Bauklötzen, Puppen, Eisenbahnschienen oder anderen Spielzeugen bedeckt sein. Wer Auslegware verlegt hat, sollte sie mit einem speziellen Mittel gegen Flecken schützen lassen, um ihre Lebensdauer zu verlängern. Alternativ könnte man in dem besonders strapazierten Bereich auch einen preiswerten Teppich oder Läufer auslegen. Bodendielen, Laminat, Linoleum und robustes Vinyl sind in diesem Alter noch sehr praktisch. Unfälle auf glatten Böden lassen sich vermeiden, indem man Läufer mit einer Anti-Rutsch-Matte verlegt.

Jetzt wird es auch Zeit, ein großes Bett anzuschaffen. Denken Sie vor dem Einkauf nach, welcher Stil Ihnen zusagt und ob Sie noch weitere Kinder haben möchten. Einzelbetten, die später zu Hoch- oder Etagenbetten umgebaut werden können, sind eine gute Investition, ebenso Betten mit integriertem Stauraum unter der Liegefläche. Zwei gleiche Betten, eventuell mit aufeinander abgestimmter Bettwäsche, können im gemeinsamen Zimmer von Geschwistern hübsch aussehen.

Fördern Sie die Selbstständigkeit des Kindes, indem Sie die Kleider, die es am nächsten Tag anziehen soll, an einem leicht zugänglichen Platz aufbewahren. Allmählich wird das Kind lernen, sich selbst anzuziehen. Stellen Sie sich aber auf einige Überraschungen im Hinblick auf die Kombinationen ein, wenn das Kind sich seine Kleidung selbst aussuchen darf.

Das Spielen hat in dieser Altersstufe große Bedeutung. Möbel, die gleichzeitig Spielzeug sind, stehen hoch im Kurs. Eine frei stehende Staffelei kann jederzeit spontan zum Malen benutzt werden und lässt sich auch problemlos in andere Räume tragen. Besonders beliebt sind in diesem Alter Rollenspiele – Einkaufen, Kochen, So-tun-als-ob.

Wer genug Platz hat, sollte eine Spielküche (siehe Seite 148–149), ein Kasperltheater oder eine Burg basteln. Solche Utensilien werden geliebt und viel benutzt.

LINKS Ein Platz zum Zeichnen und Malen darf nicht fehlen. Auf der Fensterbank ist genug Platz für Stifte und andere Utensilien.

GANZ LINKS In einem kleinen Zimmer könnte man ein Bett nach Maß einbauen. Dieses Hochbett, in der gleichen Farbe wie die Wände gestrichen, schafft freie Bodenfläche zum Spielen und Aufbewahren von Spielzeug.

OBEN Kleine Leute ahmen gern die Großen nach. Mit einer eigenen Miniküche und einem Minimum an Ausrüstung zaubern sie die unglaublichsten Menüs. Solche Miniküchen sind bei Jungen und Mädchen im Vorschulalter gleichermaßen beliebt.

SCHULKINDER

Wenn das Kind in die Schule kommt, spielen die Eltern nicht mehr die Hauptrolle in ihrem Alltag. Manche Eltern haben angesichts der zunehmenden Selbstständigkeit das Gefühl, ihr Kind zu verlieren. Eigentlich ist dieses Alter zwischen der niedlichen Kinderzeit und dem eher kantigen Teenageralter aber sehr schön. Viele Eltern meinen sogar, dass sie in dieser Zeit besonders viel Spaß mit ihren Kindern haben. Ein sechsjähriges Kind genießt die Gemeinsamkeit mit den Eltern noch – das sollten Sie nutzen, denn das zehnjährige Kind lässt bereits ahnen, mit welchem Typ Teenager Sie es einmal zu tun haben werden.

Im Alter von sieben bis zehn Jahren sind bei Kindern viele drastische Veränderungen zu beobachten. Es ist eine Zeit der Umbrüche. Einerseits entwickeln sie bereits einen sehr individuellen Geschmack, andererseits fehlt ihnen der gesunde Menschenverstand und die Erfahrung von Gleichaltrigen früherer Generationen, die nachmittags, an den Wochenenden und in den Ferien auf der Straße oder in den Wiesen spielten und erst zum Abendessen nach Hause kamen.

Kinder dieser Altersgruppe werden zunehmend unabhängig und verbringen gern Zeit allein in ihrem Zimmer. Sie lieben es, wenn sie bei der Gestaltung mitreden dürfen und sind meist auch gern bereit, bei einfachen Renovierungsarbeiten zu helfen. Die Fülle an Zeitschriften, Büchern und Fernsehprogrammen zum Thema Raumgestaltung hat dazu geführt, dass auch Kinder schon klare Vorstellungen über Farbe, Aufteilung und Stil haben. Moderne Technik wie Computerspiele und Lernsoftware macht es möglich, dass sie dreidimensionale Bilder von Räumen betrachten können. So haben sie ein Designbewusstsein entwickelt, von dem frühere Generationen keinerlei Ahnung hatten.

LINKS Lernt ein Kind frühzeitig Ordnung, sieht die Sporttasche vielleicht ebenso aufgeräumt aus wie die Trophäensammlung. Metallspinde helfen beim Aufräumen und sehen ausgesprochen cool aus. Auch Metallbetten sind in diesem Alter beliebt, während das Holzbett der Kinderzeit definitiv für überholt erklärt wird.

GEGENÜBER Kinder im Grundschulalter sind heute ganz anders als noch vor einer Generation. Mädchen sind ausgesprochen modebewusst und achten auf ihr Äußeres. Auch auf das Aussehen ihres Zimmers legen sie Wert. Gestalten Sie es schlicht, aber originell – und vergessen Sie den Sitzsack oder das Sitzkissen nicht.

MITWACHSEN

Vom Schulalter an ist das Kind völlig neuen Einflüssen ausgesetzt. Gestern hat die Tochter vielleicht noch zufrieden mit ihren Puppen gespielt, heute möchte sie orangefarbene Wände mit schablonierten Gänseblümchen – wie im Zimmer der momentan besten Freundin. Jetzt beginnt eine Phase der Verhandlungen und Überredungsversuche, während derer Sie niemals vergessen sollten, wer der Boss ist. Kinder in diesem Alter sind ungeduldig. Sie wollen schnelle Ergebnisse sehen, sind aber in ihren Vorlieben für Farben und Stile noch ungemein wankelmütig.

Im Zimmer muss mit Eintritt in das Schulalter ein Schreibtisch für die Hausaufgaben eingerichtet werden. Außerdem sind wachsende Mengen an Büchern, Spielen, Kleidungsstücken und technischen Geräten unterzubringen. Es muss Platz für Übernachtungsgäste geschaffen werden – wenngleich manche Kinder dieses Abenteuer schon im Alter von fünf oder sechs Jahren schätzen. Übernachtungsbesuche gehören heute so sehr zum Alltag, dass ein Schlafsack und eine fertig gepackte Kulturtasche zu den Notwendigkeiten eines Schulkindes gehören. Ist auf dem Fußboden genug Platz vorhanden, lässt sich dort schnell ein Gästebett improvisieren. Selbst einige Reservebettdecken, Kissen und ein Schlafsack reichen für ein Nachtlager notfalls aus.

In diesem Alter grenzen sich Jungen und Mädchen auffallend voneinander ab und gehen sich in der Schule und in der Freizeit eher aus dem Weg. Haustiere dagegen stehen jetzt hoch im Kurs. Wer Katzen oder Hunde nicht halten darf oder mag oder an einer Allergie leidet, sollte sich darauf einstellen, dass vielleicht Platz für einen

LINKS Wer so eine tolle Kletterwand im Zimmer hat, wird sich über Mangel an beeindruckten Besuchern nicht beklagen können. Eine Matratze auf dem Fußboden fängt Stürze ab.

Hamsterkäfig oder ein Terrarium mit exotischen Eidechsen geschaffen werden muss. Und wenn all das nach zu viel Arbeit klingt, bleibt immer noch das Aquarium.

Gemeinsam genutzte Zimmer müssen jetzt deutlicher untergliedert werden. Statt jedoch Territorien zu schaffen, könnten Sie auch einen Arbeitsbereich einrichten, wo beide Kinder ihre Hausaufgaben erledigen. Spielbereich, Kleiderschrank oder Kommode können ebenfalls gemeinsam genutzt werden.

Die Frage des Stauraums muss jetzt unter neuen Aspekten betrachtet werden, eventuell ist auch eine Renovierung fällig, bei der das Kind helfen und eigene kreative Ideen einbringen kann. Wenn das Kinderzimmer klein ist, sollten Sie überlegen, einen Computer für die älteren Kinder in einem anderen Bereich der Wohnung unterzubringen. Die Küche ist günstig, weil ein Erwachsener gleichzeitig kochen und den Kindern helfen oder sie beaufsichtigen kann. Ist in der Küche nicht genug Platz vorhanden, denken Sie darüber nach, ob es ungenutzte Bereiche gibt, etwa auf einem Treppenabsatz, im Flur oder unter der Treppe. Der Vorteil solcher Arbeitsplätze ist, dass sie von allen Familienmitgliedern benutzt werden können. Selbst eine ungünstige Nische oder Ecke kann für einen kleinen Arbeitsplatz ausreichen, der bei Bedarf einfach hinter einer Schiebe- oder Klapptür verschwindet. Die Technologie entwickelt sich allerdings so schnell, dass man den Platz für Computer, Spielkonsole und Musikanlage möglichst nicht zu knapp bemessen sollte. Es ist nicht mehr ungewöhnlich, dass in einem Haushalt mehrere Computer vorhanden sind, ebenso wie mehrere Bäder nicht mehr als purer Luxus gelten.

RECHTS In dieser modernen Wohnung bietet sich die lange, durchgehende Arbeitsplatte zum Arbeiten und Spielen gleichermaßen an. Sitzsäcke, Bodenkissen und Hocker sorgen dafür, dass mehrere Kinder gleichzeitig verschiedene Dinge tun können.

OBEN Alte Möbel und ein modernes Bücherregal bilden hier eine behagliche Einheit, die viel Platz für Kreativität lässt.

GEGENÜBER Aus zwei simplen Matratzen wurde hier ein seegängiges Schiff komplett mit einem Baumstamm als Mast, einer Jakobsleiter und einem Baumwollsegel. Die andere Hälfte des Raums ist als Spielbereich eingerichtet.

Für so einen Arbeitsplatz eignet sich ein moderner Computertisch ebenso wie ein altes Schulpult mit eingebautem Stauraum. Alternativ könnte man eine einfache Arbeitsplatte an einer Wand anbringen und darunter frei stehende Körbe und Kästen, Rollcontainer oder Regale unterbringen.

Unabhängig vom Typ des Arbeitstisches muss gutes Arbeitslicht vorhanden sein. Auch ein Strahler, der indirektes Licht wirft, ist durchaus praktisch. Klemmlampen, die man am Rand eines Buches befestigen kann, eignen sich ebenfalls für Kinder dieses Alters, die abends vor dem Einschlafen gern noch lesen. Kleine Taschenlampen sind äußerst beliebt, weil man mit ihnen geheime Signale mit Geschwistern, Übernachtungsgästen und vielleicht sogar Nachbarskindern austauschen kann. Modebewusste Kinder dieser Altersgruppe finden Lavalampen einfach unverzichtbar. Spätestens wenn Sie selbst schlafen gehen, sollten Sie sie aber ausschalten.

Praktisch für Grundschulkinder sind Betten mit einem ausziehbaren Gästebett für Übernachtungsbesuch. So eine »Schlafschublade« lässt sich auch in ein Kojenbett mit integriertem Stauraum einbauen. Für Kinder ab sechs Jahren eignen sich Etagenbetten, allerdings sollten sie in der Anfangszeit noch in der unteren Etage schlafen. Wenn ausreichend Stauraum vorhanden ist, kann auch ein zusammenklappbares Campingbett eine praktische Lösung für spontane Übernachtungsbesuche sein.

Kinder dieses Alters lieben das Unerwartete und Individuelle. Eine Spielplattform mit einem hölzernen Geländer kann als Bühne genutzt werden, aber auch als Basis zum Höhlenbau oder als Rückzugsplatz vor den Geschwistern. Verschiedene Fußbodenniveaus stehen hoch im Kurs, ebenso unkonventionelle Möbelstücke wie ein Schaukelstuhl oder ein aufblasbarer Sessel. Wenn Freunde zu Besuch kommen, mag man schon einmal ein Statussymbol vorzeigen. Ein großer Wandspiegel macht Mädchen Freude, die sich gern bewundern, ehe sie schick angezogen zur Party der Freundin gehen. Und in einem kleinen Zimmer kann auch ein Frisiertisch zum Schreibtisch umfunktioniert werden.

In dieser Phase zwischen der Kindheit und dem Teenageralter spielt der Fußboden als Lebensraum noch eine große Rolle. Die Kinder lümmeln sich gern auf Sitzsäcken oder direkt auf dem Boden, darum sollte er gemütlich sein. Weil Kinder dieses Alters seltener etwas verschütten, könnten Sie sich jetzt für eine Auslegware entscheiden. Bedenken Sie aber, dass nun gelegentlich matschige Stiefel oder Nagellackflaschen auf den Plan treten und Spuren hinterlassen können. In Anbetracht des nahenden Teenageralters könnten Sie jetzt auch die niedlichen Rollos oder Vorhänge, die bald als kindisch verachtet werden dürften, gegen modernere Jalousien oder schlichte Rollos austauschen.

BADEZIMMER

Immer mehr Kinder genießen den Luxus eines eigenen Badezimmers. In vielen Familien gibt es aber noch das gemeinsame Bad für alle.

DAS FAMILIENBAD

Im Laufe eines Kinderlebens verändern sich die Dinge, die im Familienbad untergebracht werden müssen. Ein Baby braucht nur eine kleine, tragbare Wanne, die in die große Badewanne gestellt werden kann. Günstig ist auch ein Platz zum Abtrocknen, Wickeln und Anziehen. Dafür reicht eine Wickelmatte auf dem Boden aus, wenngleich eine kleine Kommode schonender für den Rücken ist. Ist das Bad zu klein, kann man zum Wickeln und Anziehen auch ins Schlaf- oder Kinderzimmer gehen.

In der Anfangszeit nehmen auch die Badeutensilien des Babys nur wenig Platz ein. Einige Handtücher und Wannenspielzeuge müssen untergebracht werden, dazu Windeln, Creme und einige trockene Kleidungsstücke. Das Spielzeug passt in einen einfachen Beutel, der an die Wand oder an die Rückseite der Tür gehängt werden kann. Eine gute Alternative ist ein Badewannenständer mit eingebauten Fächern für Spielzeug, Pflegeutensilien, Handtücher und Kleidung. Ein Hocker mit Deckel bietet nicht nur praktischen Stauraum, sondern kann größeren Kindern auch als Sitzplatz beim Abtrocknen dienen, während Sie sich um das kleinere Geschwister kümmern. Und nach dem Badevergnügen werden alle Utensilien kurzerhand im Hocker verstaut.

Wenn das Kind größer und beweglicher wird, ist eine Anti-Rutsch-Matte in der Wanne unerlässlich. Neben dem Waschlappen oder Schwamm zieht nun auch interessanteres Wannenspielzeug ein.

RECHTS In der modernen, hohen Wanne darf man nach Herzenslust spielen und spritzen. Auch die lackierten Bodendielen vertragen Überschwemmungen gut.

DAS KINDERBAD

Wenn Sie ein separates Kinderbad planen, bedenken Sie, dass niedrige Sanitärobjekte zwar niedlich aussehen, aber nur kurze Zeit benutzt werden können. Wenn aus dem kleinen Sechsjährigen ein schlaksiger Zehnjähriger geworden ist, kommen teure Umbauten auf Sie zu.

Haken für Handtücher und Kleidungsstücke sollten in praktischer Reichweite angebracht werden. Sehr sinnvoll ist auch ein frei stehender Tritt oder eingebaute Stufen, die den Zugang zu Waschbecken und Wanne erleichtern. Beim Bodenbelag dürfen Sie Ihre Fantasie spielen lassen. An glitzernden, strukturierten Vinylbelägen haben Jungen und Mädchen gleichermaßen Spaß. Unterwasserszenen und ähnliche Motive eignen sich als Thema für die sonstige Dekoration.

Ein separates Kinderbadezimmer ist nicht die einzige Alternative zum Familienbad. Eventuell lässt sich auch ein Waschbecken und ein kleiner Spiegel in einer Ecke des Kinderzimmers unterbringen, um in Stoßzeiten den Betrieb im gemeinsamen Bad zu reduzieren. Selbst in einer Abseite unter der Treppe findet sich oft Platz für eine Kinderdusche.

LINKS Herzförmige Gummistopper in der Dusche sehen hübsch aus und erhöhen die Sicherheit.

UNTEN LINKS Die abgesenkte, geflieste Wanne eignet sich bestens für vergnügliche Badespiele.

SICHERHEIT IM BAD

Im Zusammenhang mit Kindern und Badezimmern ist Sicherheit das wichtigste Schlagwort. Achten Sie auf einen rutschfesten Fußboden und denken Sie an Gummimatten in der Wanne oder Dusche – am besten bereits vom Kleinkindalter an. Für kleine Kinder sind spezielle Tritthocker praktisch, die ihnen den problemlosen Zugang zu Waschbecken und Wasserhahn ermöglichen. So ein Hocker erleichtert auch den Einstieg und Ausstieg an der Badewanne. Sehr sinnvoll ist ein geräumiger, abschließbarer Schrank außerhalb der Reichweite von Kindern. Dort können gefährliche Reinigungsmittel untergebracht werden, aber auch Medikamente und scharfe Gerätschaften. Zahnbürstenhalter und Seifenschalen sollten aus unzerbrechlichem Material bestehen.

GRÖSSERE UMBAUTEN

Wenn eine Familie wächst, fühlt sich die Wohnung schnell recht beengt an. Nicht nur der Stauraum wird knapp. Es wird auch immer schwieriger, einmal ein ruhiges Plätzchen zu finden, um sich zurückzuziehen. Ehe Sie aber einen Umzug planen, überlegen Sie, ob man den vorhandenen Platz nicht erweitern oder besser nutzen kann. Wenn es darum geht, zusätzliche Schlafräume oder Bäder einzurichten, den Wohnbereich zu vergrößern oder einen Arbeitsplatz zu schaffen, sollten Sie alle Möglichkeiten ausloten.

RAUM SCHAFFEN

Überdenken Sie zuerst Ihre Familienplanung und schätzen Sie ab, wie viel Platz Sie brauchen werden. Die wichtigsten Bereiche in einer Familie mit Kindern sind normalerweise die Küche und der Wohnbereich. War das Zubereiten einer Mahlzeit früher ein Teil der Freizeitgestaltung, so wird das Vorbereiten, Verzehren und anschließende Aufräumen bald ein wichtiger Bestandteil des Tagesablaufes, der wesentlich mehr Zeit in Anspruch nimmt. Kinder, vor allem kleinere, halten sich gern in der Nähe der Eltern auf. Darum sollte selbst in einer kleinen Wohnung in der Küche Platz zum Essen und Sitzen geschaffen werden.

Brauchen Sie ein Arbeitszimmer oder ein Gästezimmer für ein Familienmitglied, das regelmäßig zu Besuch kommt? Könnten Sie zu Beginn des Schulalters einen Teil des Kinderzimmers als Bereich für die Hausaufgaben einrichten oder ein Arbeitszimmer in einen Familienraum umwandeln? Gibt es »tote« Bereiche, die sich geschickter nutzen lassen? Garagen, Treppenabsätze und Einbauschränke unter Treppen werden oft unterschätzt, lassen sich aber gut in Funktionsbereiche umwandeln. Natürlich ist eine Aufstockung die teuerste Alternative, sie kann jedoch das Haus enorm aufwerten und mehr Platz schaffen, als man sich träumen lässt.

Auch eine Erweiterung des Wohnraums in den Garten kann eine gute Lösung sein. Das muss

nicht einmal ein fester Anbau sein. Selbst eine Terrasse mit Markise oder Pergola kann schon Wunder wirken und kostet kein Vermögen.

Schreiben Sie einmal auf, welche Räume Sie wie oft und für welchen Zweck benutzen. Wird beispielsweise das Esszimmer nur selten benutzt, könnte man es in ein Spiel- oder Arbeitszimmer verwandeln. Liegt eine kleine Küche direkt neben dem Wohnzimmer, sollten Sie einen Durchbruch erwägen, um einen großen, offenen Koch-Wohn-Essbereich zu schaffen. Es kann günstig sein, aus zwei kleinen Zimmern ein großes zu machen, das mit Etagenbetten und einem kleinen Bad ausgestattet wird. Wer einen Garten hat, könnte auch den Schuppen als Spielhaus nutzen. Alternativ ziehen Sie mit dem Arbeitszimmer in den ruhigen Garten und überlassen den dadurch frei werdenden Raum den Kindern.

Wenn Sie über die komplette Umgestaltung eines Raums oder des ganzen Hauses nachdenken, zeichnen Sie sich zuerst einen maßstäblichen Plan, um eine Vorstellung zu entwickeln, ob und wie Ihre Ideen sich umsetzen lassen. Erst dann holen Sie Angebote von Baufirmen, Architekten oder Materiallieferanten ein.

DEN FACHMANN FRAGEN

Wenn Sie Ihren Wohnraum analysiert und Entscheidungen über die Veränderungen gefällt haben, sollten Sie für alle größeren Arbeiten wie Maurerarbeiten, Sanitär- und Elektroinstallation und eventuell auch Malerarbeiten Fachleute beauftragen. Jeder kann natürlich selbst Regale andübeln oder einen Kleiderschrank zusammenbauen, den Einbau von Steckdosen oder Sanitärobjekten sollte man, ebenso wie das Einziehen einer Zwischendecke für ein Hochbett, aus Sicherheitsgründen besser dem Fachmann überlassen.

Gute Fachbetriebe sind oft Monate im Voraus ausgebucht, holen Sie darum frühzeitig Angebote ein. Einen guten Betrieb findet man meist durch persönliche Empfehlung von Bekannten und indem man sich fertige Arbeiten ansieht. Natürlich kann man auch über die Innung oder Handwerkskammer Adressen erfragen.

Ein guter Architekt betrachtet Räume unter ganz anderen Aspekten als die Bewohner und kann darum neben akkuraten Plänen oft gute Ideen liefern. Bei größeren Umbauten nimmt er Ihnen auch den Aufwand des Einholens einer Genehmigung ab. Um Missverständnisse zu vermeiden, sollten Sie dem Architekten jedoch Ihre Vorstellungen, Wünsche und den Kostenplan klar erläutern.

Wenn Sie Wände durchbrechen, um Räume zu vergrößern, können Sie von einem Innenarchitekten wertvolle Tipps zur Gestaltung und Aufteilung der Bereiche bekommen. Außerdem berät er Sie über geeignete Materialien im Rahmen Ihres Budgets. Dafür berechnet er zwar eine Gebühr, doch die macht sich schnell bezahlt, weil man mit guter Beratung teure Fehler vermeiden kann.

Durch das Gespräch mit dem Fachmann bekommt man oft auch eine klarere Vorstellung von den Arbeitsabläufen. Das ist besonders dann wichtig, wenn man so ein Umbauprojekt zum ersten Mal angeht. Es gibt Firmen, die sich auf Dachbodenausbau spezialisieren. Manche Architekten, Innenarchitekten und Raumausstatter befassen sich schwerpunktmäßig mit Einfamilienhäusern. Fragen Sie nach dem Fachgebiet, ehe Sie einen Termin vereinbaren.

Das Budget für Ausbau, Anbau oder Umbau sollten Sie von vornherein festlegen. Nachdem Sie die Preise für Materialien, Arbeitslohn und Möbel eingeholt haben, müssen Sie sich eventuell auf Kompromisse einstellen. Schlagen Sie auf die geschätzten Kosten immer eine Sicherheitsreserve von 20% auf. Wenn beim Umbau Tapeten und Vertäfelungen abgenommen werden, entdeckt man oft Unvorhergesehenes wie Schwamm im Mauerwerk oder eine mangelhafte Elektroinstallation.

LINKS In einer kleinen Wohnung macht es Sinn, den Platz vom Boden bis zur Decke zu nutzen. Dieses Spielhaus mit darauf montiertem Hochbett mit Sicherheitsgeländer ist eine sehr pfiffige Lösung.

RECHTS Die rechtzeitige Planung des Schlaf-, Arbeits- und Aufbewahrungsplatzes verhindert, dass selbst gebaute oder angefertigte Möbel später umständlich und kostspielig erweitert werden müssen.

DER GRUNDRISS

Denken Sie bei der Planung eines Kinderzimmers daran, dass sich auch aus dem ungünstigsten Raum etwas machen lässt. Man muss sich nur etwas Zeit für die Planung nehmen. Denken Sie vor allem praktisch. Es hat keinen Sinn, von einem Hochbett zu träumen, wenn die Decke niedrig ist, oder in einem langen, schmalen Zimmer, das sich zwei Kinder teilen, über eine geräumige Spielfläche nachzudenken. Zeichnen Sie zuerst einen maßstäblichen Grundriss des Raums, um sich ein genaues Bild der Gegebenheiten zu machen. Dafür brauchen Sie Karopapier, einen Bleistift, ein Stahlbandmaß oder einen Zollstock und einen Taschenrechner. Ein guter Maßstab ist 1:25.

Beim Zeichnen werden Ihnen schnell die schwierigen oder unflexiblen Bereiche des Raums klar werden, etwa der Bereich zwischen zwei Türen oder eine verwinkelte Wand. Mit einer maßstäblichen Zeichnung lässt sich schnell und einfach überprüfen, ob vorhandene Möbel in das Zimmer passen. Vermessen Sie große Möbelstücke und schneiden Sie maßstäbliche Papierstückchen zu, die Sie nach Belieben auf dem Grundriss umherschieben können, bis Ihnen die Anordnung zusagt. Denken Sie auch jetzt schon über Bodenbelag und Beleuchtung nach. Eine geschickte Beleuchtung kann kleine, unattraktive Räume aufwerten, während ein schöner Bodenbelag beispielsweise von einer merkwürdigen Raumform oder einer niedrigen Decke ablenkt.

Berücksichtigen Sie bei der Planung zu einem gewissen Grad auch Geschlecht und Persönlichkeit des Kindes. Mädchen haben generell mehr Spaß an Verkleidespielen und wissen einen großen Spiegel zu schätzen, wenn sich Jungen noch gar nicht für ihr Aussehen interessieren. Eine ältere Leseratte braucht viel mehr Platz für Bücherregale als ein Kind, das sich vor allem für Fußball begeistert.

Die folgenden Tipps und Beispielgrundrisse geben Anregungen und helfen bei der Gestaltung eigener Räume.

BABYZIMMER

Im Gegensatz zur Auffassung vieler Möbelgeschäfte richtet man ein Babyzimmer am besten schlicht und funktional ein. Die Grundelemente – Bett, Stauraum und etwas Dekoration – finden auch im winzigsten Zimmerchen Platz.

- Stellen Sie Bett oder Wiege nicht in direkter Nähe zu Heizkörpern, Fenstern oder Türen auf.
- Um die Wandfläche gut zu nutzen, stellen Sie das Bett nicht frei in den Raum, sondern längs an eine Wand. Sobald kleine Kinder sich hochziehen können, fühlen sie sich sicherer, wenn wenigstens eine Seite des Betts an einer Wand steht.
- Ein bequemer Sessel ist praktisch zum Füttern, vor allem nachts.
- Wenn das Baby im Zimmer eines größeren Geschwisterkinds untergebracht wird, sollten Sie eine spezielle »Babyecke« einrichten.
- Ein kleines Sofabett kann praktisch sein, wenn das Kind einmal krank ist oder viel Zuwendung braucht. So kann ein Elternteil im Kinderzimmer schlafen, während das andere nachts möglichst wenig gestört wird.
- Schaffen Sie Stauraum für verschiedene Dinge: Windeln und Wäsche, Bettwäsche und Spielzeug, kleine Geschenke und Oberbekleidung.
- Ein Wickelbereich ist wichtig, aber eine Wickelmatte auf einem Tisch oder einer einfachen Kommode reicht völlig aus.
- Mit einem Dimmer lässt sich die Beleuchtung flexibel je nach Bedarf regulieren.
- Ein Nachtlicht für die Steckdose erleichtert es, nachts nach dem Kind zu sehen. Eine kleine Lampe beim Sessel, in dem gefüttert wird, ist ebenfalls sinnvoll.

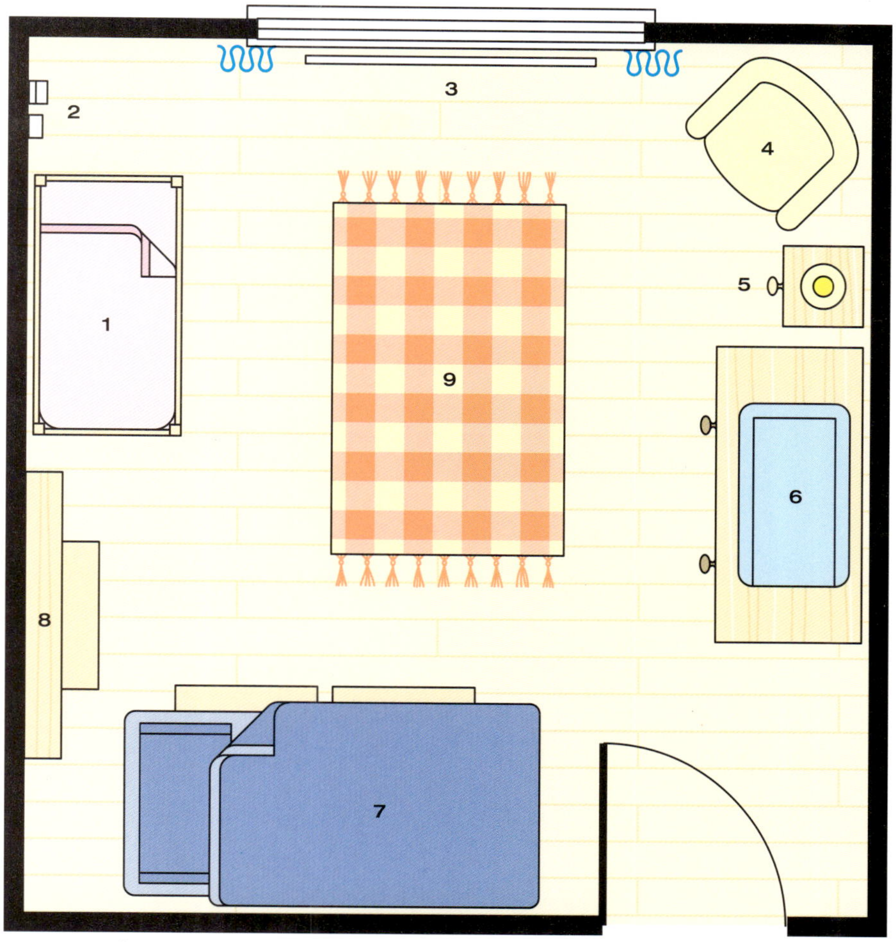

- Wohnt noch ein Krabbelkind im gleichen Zimmer oder schläft gelegentlich ein Elternteil dort, ist ein Nachttisch mit Lampe von unschätzbarem Wert.
- Der elektrische Babywächter sollte so nahe wie möglich am Babybett stehen.
- Ein funktionaler Fußboden, wie lackierte Bodendielen, wird mit einem Teppich gemütlicher. Denken Sie aber daran, eine Gummimatte unterzulegen, damit er nicht rutscht.

LEGENDE

1 Babybett
2 Babymelder und Nachtlicht für die Steckdose
3 Fenster und Heizkörper
4 Sessel zum Füttern
5 Tischlampe mit schwacher Birne auf einem kleinen Tisch
6 Kommode mit Wickelmatte
7 Bett des größeren Kindes mit Stauraum-Schubladen oder Sofabett für Erwachsene
8 Regal für Dekorationen und Schrank für Kleidung
9 Läufer

GESCHWISTERZIMMER

Wenn zwei Kinder sich ein Zimmer teilen, muss die Einrichtung flexibel sein, denn aus Baby und Krabbelkind können im Handumdrehen ein wilder Sportfan und ein stiller, sensibler Grübler werden. Je älter die Kinder sind, desto mehr wissen sie einen eigenen Bereich zu schätzen. Denken Sie darum nach dem Zeichnen des Grundrisses darüber nach, wie man in einem Raum zwei separate Zonen schaffen kann.

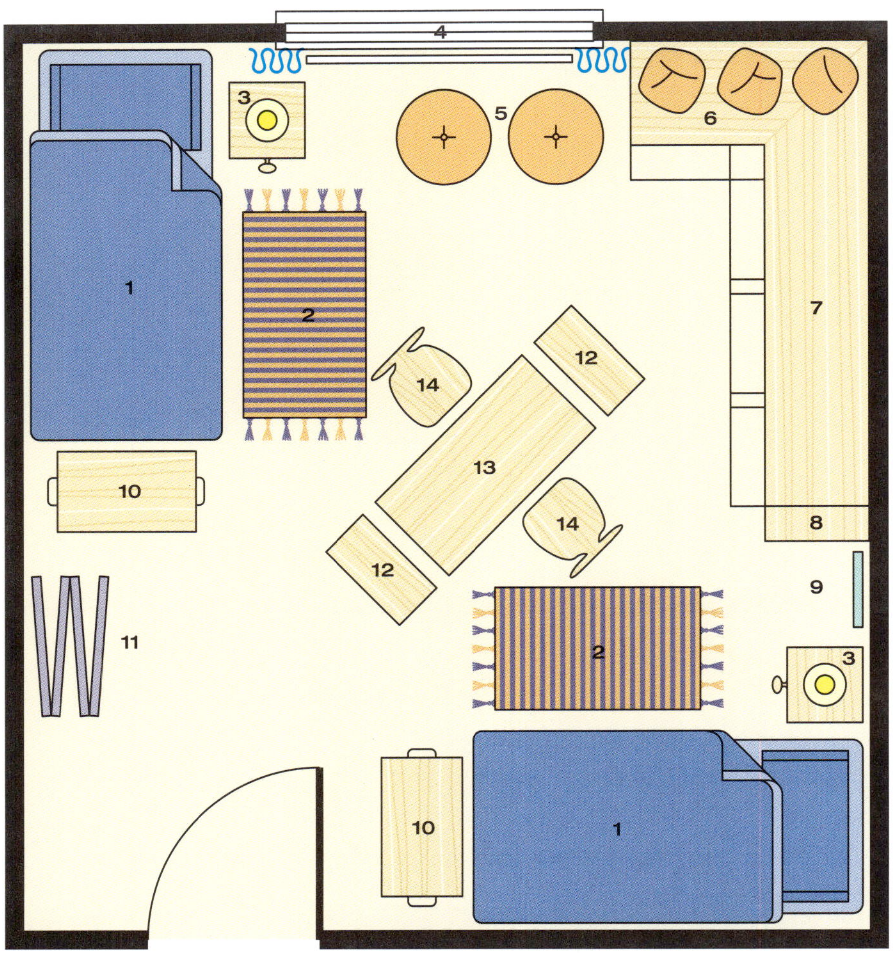

LEGENDE

1 Bett
2 Bettvorleger
3 Nachtschrank mit Lampe
4 Fenster und Heizkörper
5 Sitzbereich
6 Zusätzliche Kissen auf dem Schrank
7 Einbauschränke mit integrierten Stufen, in die Schubladen eingebaut sind
8 Offene Regale am Ende des Schranks
9 Spiegel
10 Truhe
11 Paravent als Raumteiler, von beiden Seiten als Pinnwand zu benutzen
12 Bücherregal auf Rollen
13 Schreibtisch auf Rollen
14 Schreibtischstuhl

- Raumteiler wie Paravents, frei stehende Bücherregale, Schreibtische auf Rollen oder an der Decke befestigte Vorhänge eignen sich gut zum Abgrenzen von Bereichen.
- Ist genug Platz vorhanden, könnte man auch Schlaf- und Spielbereich voneinander trennen.
- In kleinen Räumen sind Etagenbetten eine Platz sparende Lösung.
- Eine lange Arbeitsplatte mit Platz für zwei Stühle und untergebautem Stauraum braucht recht wenig Platz, noch kleiner machen sich Arbeitsplatten mit Scharnieren, die an die Wand geklappt werden und mit Klappstühlen kombiniert werden können.
- Einbauschränke nutzen den Platz optimal aus, sind aber wenig flexibel, wenn die beiden Bewohner einmal beschließen, ihr Zimmer umzuräumen.
- Streitigkeiten kann man vermeiden, wenn bestimmte Dinge doppelt vorhanden sind. Reicht der Platz dafür nicht aus, sind mobile Möbel eine praktische Alternative.
- Für jedes Kind sollte eine eigene Bettlampe und eine Schreibtischlampe vorhanden sein.
- In ein großes Zimmer passen normalerweise zwei frei stehende Betten mit Nachtschränken sowie ein Kleiderschrank und eine Kommode.
- Wird ein Heizkörper in halber Höhe an der Wand montiert, kann man wertvolle Bodenfläche gewinnen.
- Müssen sich Baby und Kleinkind ein Zimmer teilen, denken Sie an geeigneten Stauraum für das ältere Geschwisterkind, etwa in Schubladen unter dem Bett oder in einem offenen Wandregal. Praktisch sind auch Spielzeugkisten auf Rollen, die man komplett wegräumen kann, wenn sie nicht benutzt werden.
- Kleine Geschwisterzimmer wirken größer, wenn man einen schlichten, unauffälligen Bodenbelag wählt.
- Zwei identische oder ähnliche Läufer helfen dabei, Bereiche in dem Raum zu kennzeichnen.

DACHBODENZIMMER

Kinder lieben Dachbodenzimmer mit den gemütlichen Schrägen und den interessanten Winkeln, in denen man sich verstecken kann. Auch ältere Kinder wohnen gern ganz oben in ihrem eigenen Reich gleich unter dem Himmel.

- Wenn möglich, bauen Sie ein Waschbecken und eine Toilette, eventuell sogar eine kleine Dusche ein. Das Kind gewinnt an Unabhängigkeit und das Familienbad wird entlastet.
- Trennen Sie Spiel- und Schlafbereich durch einen Raumteiler.
- Nutzen Sie auch vorhandene Elemente wie Dachbalken oder Gauben, um verschiedene Bereiche im Raum zu schaffen.
- Wenn zwei Kinder das Zimmer bewohnen, stellen Sie die Betten unter die Schräge und lassen Sie den mittleren Bereich mit der besten Stehhöhe zum Spielen frei.
- Sehr reizvoll sind auch Hochbetten unter dem First, die über eine Leiter zu erreichen sind.
- Ist der Raum sehr niedrig, wählen Sie flache Sitzmöbel und Betten.
- Der Schreibtisch steht am besten an einer geraden Wand.
- Nutzen Sie Nischen und Ecken, die beispielsweise durch den Schornstein entstehen können, für maßgetischlerte Regale. Bilder und Pinnwände kann man auch an schrägen Wänden befestigen.

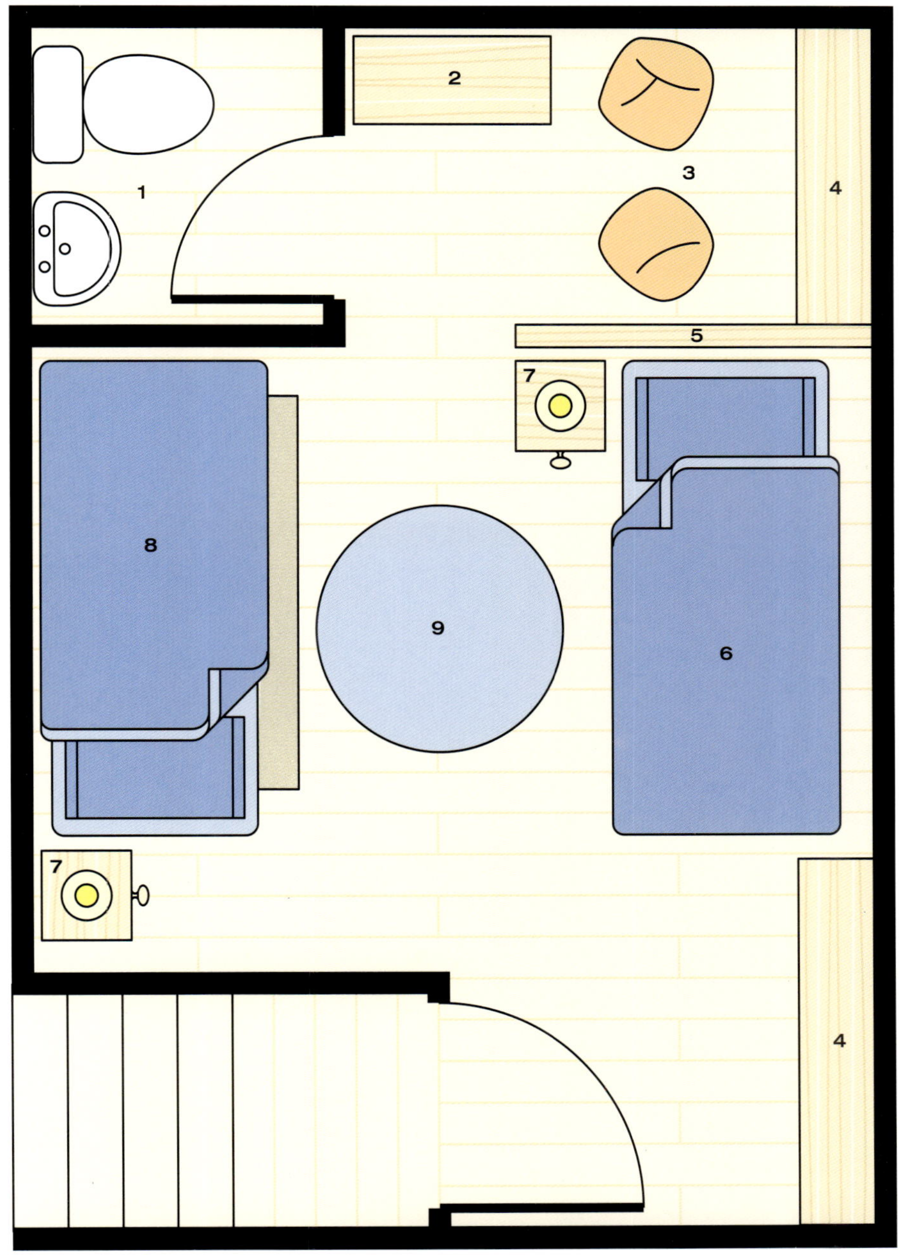

LEGENDE

1 Abgeteilter Raum mit Waschbecken und Toilette
2 Spielzeugtruhe
3 Niedrige Sitzkissen
4 Stauraum unter der Schräge
5 Niedriger Raumteiler trennt Schlaf- und Spielbereich
6 Zweites Bett oder eingebauter Stauraum
7 Nachtschrank mit Lampe
8 Kojenbett mit Schubladen und Stufen
9 Teppich

QUADRATISCHES ZIMMER

Quadratische Zimmer sind ein Glücksfall, weil sie besonders viele Einrichtungsmöglichkeiten zulassen und bei Bedarf auch leicht zu unterteilen sind.

- Bringen Sie ein Waschbecken in einer Ecke an und schirmen Sie es bei Bedarf mit einem Wandvorsprung ab.
- Bauen Sie an einer Wand Einbauschränke ein, die die Raumform nicht allzu stark verändern.
- In Geschwisterzimmern können die Betten über Eck, hintereinander an einer Wand oder beiderseits des Fensters stehen.
- In einem großen quadratischen Raum kann man es sich leisten, Möbel von der Wand zu rücken und mitten im Raum einen Blickfang zu schaffen. So gewinnt man an den Wänden auch zusätzlichen Platz für frei stehende oder fest montierte Schränke.
- Ein quadratischer Raum wirkt weniger kantig, wenn man einen Teppich schräg legt oder rundliche Möbel wählt.

LEGENDE

1 Waschbecken und Spiegel
2 Handtuchstange
3 Fenster und Heizkörper
4 Kindersofa (evtl. als Truhe)
5 Nachtschrank mit Lampe
6 Bett
7 Frei stehender Kleiderschrank
8 Langer Wandspiegel oder Pinnwand
9 Schreibtisch mit offenen Regalen darüber (oder zweites Bett)
10 Stuhl
11 Frisiertisch oder Kommode
12 Badezimmer-Matte
13 Teppich

LANGES, SCHMALES ZIMMER

Bei diesem Zimmertyp müssen Sie den Platz noch geschickter einteilen. Nutzen Sie die Höhe, um keinen Zentimeter zu verschenken, etwa mit deckenhohen Einbauregalen. Denken Sie auch an optische Tricks, um das Zimmer breiter wirken zu lassen. Ein Trost ist immerhin, dass Kinder in einem beengten Zimmer fast automatisch zur Ordnung erzogen werden.

- Stellen Sie das Bett an eine Längswand und bauen Sie an der gegenüber liegenden Wand Kleiderschrank und Regale ein. So bleibt auf dem Boden genug Fläche zum Spielen frei.
- In einem Geschwisterzimmer stellen Sie zwei Einzelbetten Stirn an Stirn und schaffen darüber und darunter Stauraum. Alternativ könnte man ein Etagenbett an eine Wand stellen und gegenüber Platz für Kleider, Spielzeug und Bücher schaffen.
- Durch quer verlegte Dielen oder einen quer gestreiften Teppich wirkt der Raum breiter
- Hängen Sie an der Wand gegenüber dem Fenster einen Spiegel auf, um mehr Licht in den Raum zu holen.
- Streichen Sie die Stirnwand in einer kräftigen Farbe, die mit den übrigen Wänden kontrastiert. Dadurch werden die Längswände optisch auseinander gedrückt, der Schlaucheffekt verliert sich. Besonders geeignet sind warme Farben.
- Stellen Sie einen Blickfang, etwa einen Sitzsack und einen niedrigen Tisch, am Ende des Raums auf, um von den Proportionen abzulenken.

LEGENDE

1 Deckenhohe Einbauregale
2 Eingebauter Schreibtisch mit Fächer darunter und Regalen darüber
3 Schreibtischstuhl
4 Regal für Bücher und Klemmlampe
5 Etagenbett mit Bettschubladen für Spielzeug
6 Fenster und Heizkörper
7 Sitzsack
8 Niedriger Tisch oder Kiste mit Rollen
9 Eingebauter Kleiderschrank
10 Pinnwand und Schuhschrank
11 quer verlegte Dielen

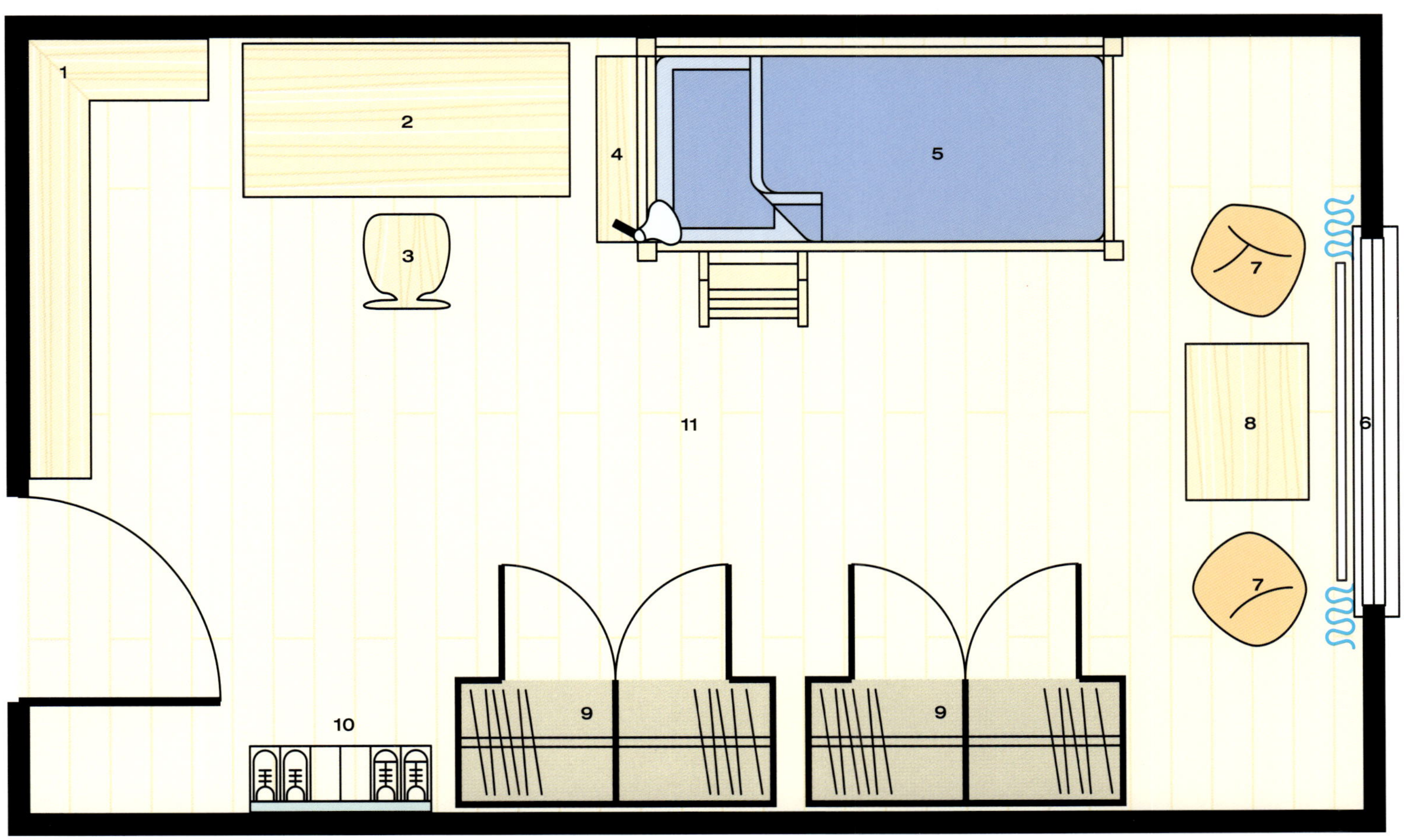

EIN LOFT FÜR KINDER

LINKS Ella und Leo nennen jeweils ein Ende des Raums ihr Eigen. Ella hat einen Tisch, neben dem auch das Puppenhaus Platz findet. An der Hakenleiste können große Gegenstände aufgehängt werden.

RECHTS Der umgebaute Dachboden ist gut durchdacht aufgeteilt. Jedes der Kinder hat seine persönlichen Schätze schnell zur Hand.

Umgebaute Räume, vor allem Dachböden, bieten sich für interessante Kinderzimmer an. Dieses Geschwisterzimmer ist fröhlich, geräumig und praktisch. Es bietet Platz zum Schlafen, Spielen und Arbeiten für Ella, sechs Jahre, und Leo, vier Jahre. Wer einen Raum ausbaut oder umbaut, sollte von Anfang an die Aufteilung so planen, dass Möbel, Spielsachen und technisches Gerät ausreichend Platz finden. Hier lenken große Farbflächen hinter den Betten von den schrägen Wänden und Decken ab.

Nachdem die Regale geplant waren, wurden die Plätze für die Betten und die Heizkörper-Bänke festgelegt. So wurde dafür gesorgt, dass in der Mitte genug Platz zum gemeinsamen Spielen frei blieb.

Es ist verlockend, in einem Dachbodenraum ohne klar definierte Wandkonturen alles Weiß zu streichen. Statt dessen wurden Ella und Leo aber gebeten, für ihre jeweilige Schlafecke eine Lieblingsfarbe auszuwählen. Leo entschied sich für Orange, Ella für Pink. Die großen Farbflächen definieren und individualisieren die Bereiche, außerdem lockern sie den Raum auf. Spielzeug verschwindet in Körben und Kästen unter den Betten, wo es schnell zur Hand ist.

Betten und andere Möbel wurden Blau gestrichen. Leo ist ein begeisterter Junior-Renovierer und half – unter Aufsicht natürlich – beim Streichen von Schrank und Minitisch mit Stuhl. Nur die Regale blieben weiß, damit sie optisch mit der angrenzenden Wand verschmelzen.

Weil fast alle Wände schräg sind, beschlossen die Eltern Heather und Winfried, durch ein offenes Raumteiler-Regal Stauraum zu schaffen. Es gliedert das Zimmer und dient zugleich als Abstell- und Präsentationsfläche.

Das Regal wurde schon in der Planungsphase entworfen und nach Maß unter der Schräge eingebaut, sodass es eine lockere Barriere zwischen den Schlafplätzen der beiden Kinder bildet. Wenn die Kinder älter werden, sollen Schiebetüren aus Milchglas eingebaut werden, die die eigenen Bereiche klarer abgrenzen, aber reichlich Licht durchlassen.

Zurzeit sind die Regalfächer, die von beiden Seiten zugänglich sind, mit Spielsachen und Büchern gefüllt. Ella und Leo breiten sich gern auf dem Fußboden aus, aber wenn die Sachen ins Regal geräumt sind, lassen sie sie meistens dort stehen – abgesehen von den Büchern natürlich.

OBEN Körbe unter dem Bett fassen viel Spielzeug und halten den Boden frei. Kleine Metallkästen, robuste Pappkartons mit Stoffbezug und Deckelkästen auf Rollen sind ebenso gut geeignet, um ein großes Sortiment an Habseligkeiten zu verstauen.

LINKS Vielseitige Möbel steigern den Spielspaß im Kinderzimmer enorm. Diese Holzkästen mit robusten Holzbrettern verstecken die Heizkörper und dienen als zusätzliche Sitzgelegenheiten.

RECHTS Dachböden haben oft Schrägen und ungünstige Winkel, darum ist es wichtig, den Stauraum schon frühzeitig zu planen. Das beidseitig offene Regal fasst viele Spielsachen und ist zugleich ein praktischer, aber nicht hermetischer Raumteiler.

Anpassungsfähige Stauraumlösungen wie große Körbe und Metallkisten können im Lauf der Jahre immer andere Dinge verstecken. Leo braucht Platz für sein Parkhaus und seine Bauklötze, Ella dagegen hat ihr Puppenhaus auf der ehemaligen Wickelkommode aufgebaut. Unter ihrem Bett liegen in den Körben Puppen und Puppenkleider, unter Leos Bett sind Bauklötze und Spielzeugautos verstaut.

Kleinformatige Tische und Stühle sind für Kinder großartig. Leo und Ella sitzen gern an ihrem Tisch, wenn sie sich Bücher ansehen. Hier können sie auch kneten oder malen. Wenn sie älter werden, kann der Tisch immer noch für Brettspiele und Puzzles benutzt werden. Solche kleinen Tische und Stühle sind in jedem guten Möbelgeschäft erhältlich.

LINKS Das blaue Abdunklungsrollo erleichtert den Kindern im Sommer das Einschlafen. Es bildet einen fröhlichen Kontrast zu der orangefarbenen Wandfläche neben Leos Bett. In der Fensternische finden alle seine Stofftiere Platz.

GEGENÜBER Die bunt gestrichenen Möbel bringen fröhliche Farbe in den Dachboden, dessen Wände bewusst weitgehend neutral gestaltet wurden, um von den Schrägen abzulenken. Weidenkörbe unter Leos Bett bieten Platz für Spielsachen. Dort liegt auch ein aufgerolltes Futon für Übernachtungsgäste.

Ein Holzstuhl in leuchtendem Pink dient Ella als Nachttisch. Ein niedriger Heizkörper wurde mit Holz verkleidet und fungiert nun als Sitzbank für Kinder und Teddybären.

Der Sisalteppich in neutralem Grau ist praktisch, robust und unaufdringlich, aber etwas kratzig unter nackten Füßen. Aus diesem Grund liegen vor den Betten bunte Teppiche, die es etwas behaglicher machen.

Bei der Planung des Kinderzimmers hatten Heather und Winfried die Zukunft bereits im Blick. Ein gemeinsames Zimmer für einen Jungen und ein Mädchen zu planen ist wohl die größte Herausforderung, weil nicht nur auf verschiedene Altersstufen, sondern auch auf sehr unterschiedliche Interessen eingegangen werden muss – die sich mit zunehmendem Alter noch stärker ausprägen werden.

Alle Möbel wurden bewusst schlicht gehalten, damit sie nicht von der Mode überholt werden.

LINKS Leo sitzt gern am Tisch, um zu spielen oder zu lesen. Seine Mutter hat die Möbel lackiert und die Kissen genäht.

Gut verstaut

OBEN Ein improvisiertes, frei stehendes Regal aus gestrichenen, gestapelten Holzkisten. Aus Sicherheitsgründen sollte man sie an der Wand verschrauben, damit sie nicht versehentlich umgekippt werden.

VORAUS DENKEN

Die Grundregel für Stauraum im Kinderzimmer lautet: So viel wie möglich, wo immer es geht. Ob Sie Metallkisten im Industriestil wählen, ländliche Körbe oder schlichte Holzkisten, das Aufräumen geht schneller von der Hand, wenn all die Utensilien Ihres Kindes einen festen Platz haben. Und wenn auch das Kind das erst einmal verstanden hat, ist es auf dem besten Weg, das eigenständige Aufräumen zu lernen.

Bei Kindern scheinen sich Kleidungsstücke und Spielsachen in Mengen anzusammeln, die in keinem Verhältnis zu ihrer Körpergröße stehen. Haben Sie die allerersten Möbel und Ausstattungsstücke für Ihren Winzling gekauft, trudeln die ersten Geschenke von Freunden und Verwandten ein und Sie werden bald bemerken, welche Auswirkungen der neue Erdenbürger auf Ihre Wohnung hat. Zusätzlicher Stauraum wird ständig gebraucht. Und mit jeder neuen Altersstufe des Kindes müssen neue Dinge untergebracht werden.

Solange Kinder noch klein sind, kann es Spaß machen, die niedlichen, bunten Utensilien sichtbar zu präsentieren. Weniger attraktiv ist jedoch ein chaotisches, ungeordnetes Sammelsurium aus schrillen Plastikspielzeugen, kleinen Bauklötzchen und Bergen von Stofftieren.

Genießen Sie das Babyalter, wenn die wenigen Habseligkeiten des Kindes noch überschaubar sind, sich problemlos verstauen lassen und auch für erwachsene Augen nett aussehen. Wählen Sie Aufbewahrungslösungen, die den Charme der ersten Schuhe, der winzigen Kleidungsstücke, der niedlichen Hüte und der flauschigen Handtücher zeigen. Für den Anfang reichen zwei oder drei offene Regalfächer an einer Wand, die mit dem Heranwachsen des Kindes erweitert werden können, bis eine ganze Aufbewahrungswand entsteht.

Statt in mühevoller Arbeit ein *Trompe l'oeil* an eine Wand zu malen, bringen Sie lieber einige bunte Regale an und präsentieren Sie darauf hübsche Babysachen, bemalte Holzboote, den

LINKS Bei Einbaumöbeln kommt es vor allem auf Flexibilität an. In diesem kräftigen Kleiderschrank kann man die Höhe von Fachböden und Stange verändern, wenn das Kind größer wird.

RECHTS Mit Stoff ausgekleidete Körbe sind praktisch für Windeln, Handtücher, Spielzeug und Pflegemittel. Man kann sie leicht von einem Raum in einen anderen mitnehmen.

LINKS Kleine Möbel bleiben lange in Gebrauch. Wenn das Kind ihnen entwachsen ist, bieten sie sich immer noch als Aufbewahrungsplatz für die Stofftiere an.

LINKS An der Wand aufgehängte Beutel sind praktisch für allerlei Kleinteile von Haarspangen und Zopfbändern über kleine Spielzeuge und Spielkarten bis zu Einzelteilen von Brettspielen. Beutel aus Baumwolle oder Drell können, ebenso wie Körbe, an einfachen Garderobenhaken aufgehängt werden.

RECHTS Schlichte Linien und klare Farben in einem modernen, übersichtlichen Kinderzimmer, in dem sogar die Plastikkisten gut aussehen. Auf der niedrigen Bank liegen Schaumstoffpolster zum Sitzen und Spielen, unter der Bank ist genug Platz für große Aufbewahrungskisten.

RECHTS Hölzerne Haken- oder Knopfleisten sind immer praktisch. Für kleine Kinder werden sie in geringer Höhe montiert. Wächst das Kind, können später in größerer Höhe weitere Leisten angebracht werden. Die niedrigen Haken tun dann für Rucksäcke und Sportbeutel weiterhin gute Dienste.

Lieblingsteddy und einige Bilderbücher. So wird der Stauraum zur Dekoration. Eine Kleiderstange könnte man unter einem Regalbrett anbringen oder an der Decke aufhängen (siehe Seite 84–85). Wandleisten mit Knöpfen oder Haken sind praktisch zum Aufhängen bunter Jacken und Mützen, ebenso für Beutel mit Watte oder Windeln. Auch bunte Stofftaschen, die kleine Utensilien geordnet halten und zugleich vor Staub schützen, könnte man an der Wand aufhängen. Später sind sie praktisch für kleine Spielzeuge wie Kartenspiele, Taschenlampen und Autos.

Große, mit Stoff ausgelegte Körbe sind ideal zum Aufbewahren häufig gebrauchter Dinge wie Windeln, Handtücher und Ersatzwäsche. Auch Spielzeug braucht von Anfang an einen Platz. Offene Regalfächer ersparen es Ihnen, in Schränken oder Schubladen zu wühlen, und Holzkisten auf Rollen wirken schon für sich wie Spielzeug. Transparente Plastikkisten sind ebenfalls gute Ordnungshelfer, die obendrein angenehm leicht sind.

Wenn das Baby zu krabbeln beginnt und die ersten Freunde zum Spielen eingeladen werden, sollten Sie aufpassen, dass sich das Kinderzimmer nicht in eine Spielzeughalde verwandelt. Schrauben Sie einige Haken oder eine Hakenleiste in Kinderhöhe an die Wand – schon ist Platz geschaffen für allerlei Spielzeug, von der Arzttasche über die zusammenklappbare Puppenkarre bis zu Beuteln mit Bauklötzen oder Waren für den Kaufmannsladen. Auch der Bademantel kann hier seinen Platz finden. Und sind die Haken in einer Höhe angebracht, die das Kind erreichen kann, stehen die Chancen günstiger, dass es beim Aufräumen hilft.

Ein separates Spielzimmer ist ein enormer Luxus. Es bietet die Möglichkeit, große Spielzeuge, Brettspiele und Kindermöbel getrennt vom Schlafplatz aufzubewahren. Deckenhohe Einbauschränke sind die ideale Lösung, wenn die Dinge, die Ihre Kinder gerade bevorzugen, jeweils in erreichbarer Höhe verstaut werden. Günstig ist eine Kombination aus Schränken mit Türen, Schubladen und offenen Fächern.

Die perfekte Kombination besteht aus einer eingebauten Schrank- und Regalwand mit einer Arbeitsfläche, die sich nach dem Malen oder Kneten schnell säubern lässt. Ein Wasch- oder Spülbecken in der Nähe macht die Reinigung noch unkomplizierter.

Für das Kinderzimmer eignen sich die verschiedensten Stauraum-Varianten. Alte Schränke, glatt geschliffene und lackierte Holzkisten, Metallkisten und Sperrholz-Schubladen lassen sich bestens mit bunt gestrichenen Wänden und Bodendielen kombinieren. Kinder im Schulalter haben Spaß daran, beim Bemalen zu helfen. Am besten überlässt man ihnen ein eigenes Projekt, vielleicht eine würfelförmige Kiste aus MDF-Platten. Solche Kisten sind praktisch als Nachttisch (unverzichtbar für Taschenlampe und Bücher), eignen sich aber auch als improvisierte Sitzgelegenheit oder Tisch für Karten- oder Brettspiele, wenn Freunde zu Besuch kommen.

Für ältere Schulkinder muss der Stauraum angepasst werden. Sie brauchen jetzt mehr Platz für die Hausaufgaben und sie werden auch öfter am Computer anzutreffen sein. Wenn Sie die Beschäftigung mit dem Computer überwachen möchten, sollten Sie ihn außerhalb des Kinderzimmers aufstellen, etwa in einem Spielzimmer oder im Bereich der Familie, vielleicht in der Küche oder am Essplatz.

Weil auch in den Schulen immer mehr Computer eingesetzt werden, ist damit zu rechnen, dass Ihr Kind früher oder später einen eigenen Computer in seinem Zimmer haben wird. Stellen Sie sich darauf ein, indem Sie eine passende Regalwand mit einer geeigneten Arbeitsplatte einbauen. Solche Lösungen sind zwar räumlich festgelegt, bieten aber ausreichend Platz für das technische Gerät und das verschiedene Zubehör.

Wenn Kinder wachsen, wächst alles mit, auch die Kleidung und die Sport- und Hobbyutensilien. Schauen Sie einmal nach oben. Vielleicht können unter der Decke Hängeschränke für wenig benutzte Dinge angebracht werden. Über Türen ist oft genug Platz für ein Bücherregal.

Bei der Planung von Stauraum im Kinderzimmer spielen auch Sicherheitsüberlegungen eine Rolle. Sorgen Sie unbedingt dafür, dass abenteuerlustige Klein- oder Vorschulkinder frei stehende Regale oder Schränke nicht umkippen können. Am besten dübeln Sie sie an der Wand fest. Wenn Sie Lampen auf Nachttischen, Schreibtischen oder Regalelementen aufstellen, befestigen Sie auch hängende Kabel. Kontrollieren Sie ältere Möbel auf Splitter und vermeiden Sie Regalböden aus Glas.

GEGENÜBER Sehr praktisch ist eine Stange an der Wand mit einer dicken Rolle Zeichenpapier zum Abrollen. Die Aufbewahrungskisten sind mit Kinderfotos und Abbildungen des Inhalts beklebt. Diese Dekoration können Kinder auch selbst übernehmen.

OBEN Frei hängende Kastenregale auf einer freien Wand bieten Platz und sehen dekorativ aus. Als Schreibtisch genügt eine lange Arbeitsplatte aus Holz oder Laminat unter dem Fenster.

On the Farm
wild animal puzzles
Alphabet Teaching Jigsaw
DELUXEJIGSAW
Country Cameo
European Map Puzzle
150
PUZZLE
Tap-Tap
octoplay

STAURAUM-VARIANTEN

Bei Stauraum unterscheidet man grundsätzlich zwischen zwei Typen: frei stehende und eingebaute. Einbaumöbel eignen sich vor allem für kleine Räume, weil man mit ihnen jeden Zentimeter ausnutzen kann. Wer aber vorhat, in absehbarer Zeit umzuziehen oder den Wohnraum zu erweitern, sollte frei stehende Möbel wählen, die man bei Bedarf mitnehmen oder umstellen kann. Frei stehende Elemente sind meist preiswerter als Einbaumöbel.

EINBAU-LÖSUNGEN

Am besten geeignet für Einbaumöbel sind Massivholz und MDF-Platten. In modernen Einrichtungen haben aber auch Stahl und Eisen durchaus ihren Platz. Eine große Fläche voller Fächer, Türen und Regale fügt sich am besten in ein Raumkonzept ein, wenn sie in der gleichen Farbe wie die Wände gestrichen ist.

Wenn der Platz knapp ist, sollten Sie auch bauliche Gegebenheiten nutzen. Nischen sind ideal zum Einbauen von Stauraum. Eine Stange in einer Nische bietet sich für kleine Kleidungsstücke an, sie sollte aber nicht zu niedrig hängen, denn das Kind wird schnell größer. In den oberen Bereich einer solchen Nische könnte man Fächer für sperrige Gegenstände und vielleicht Bettwäsche einbauen. Im mittleren Bereich sind zwei geräumige Regale sinnvoll, darunter passt eine Kleiderstange und in den untersten Bereich ein weiteres Regal oder eine Abstellmöglichkeit für Schuhe oder Spielsachen. Für ein älteres Kind könnte man so eine Nische auch in einen Arbeitsplatz verwandeln, indem man eine kleine Arbeitsplatte einbaut und darüber und darunter Schränke oder Regale anbringt.

Wer im Babyzimmer Regale oder Kleiderstangen einbaut, sollte die Zukunft im Blick behalten. Denken Sie an niedrige Fächer, sodass ein Kleinkind sich seine Spielsachen selbst nehmen kann. Später kann man sie immer noch hinter einem Vorhang, einem Rollo oder einer Schranktür verstecken. Eingebaute Schränke für Kleidung, Spielzeug und Bettwäsche sind praktisch und sehen ordentlich aus. Verstellbare Stangen und Regale im Inneren sorgen dafür, dass auch diese Form von Stauraum mit dem Kind wächst. Einbaumöbel sollten möglichst schlicht und einfach sein, damit sie nicht zu schnell von der Mode überholt werden. Je nach Einrichtungsstil können Sie verschiedenste Türfronten wählen: glattes Holz, Zierprofile, Milchglas, Klarglas oder Glas mit Gittereinlage, Flechtwerk aus Holzleisten, Kükendraht oder Lochmetall. Für Witz und Abwechslung lässt sich durch die Griffe sorgen. Probieren Sie Tiermotive, kleine Seilschlaufen, Minifußbälle oder maritime Motive. Es ist viel einfacher, die Türen neu zu streichen und die Griffe auszutauschen als den gesamten Einbau zu verändern.

Betten mit integriertem Stauraum sind vor allem in kleinen Zimmern sinnvoll. Neben den altbekannten Unterbett-Schubladen gibt es auch Modelle, in deren Kopfteil ein Regal oder Schrank samt Beleuchtung integriert ist.

Unter einem Fenster könnte man eine Arbeitsplatte einbauen, die als Wickeltisch dient. Darunter ist genug Platz für Körbe mit Utensilien. Später wird die Arbeitsplatte als Schreibtisch oder Sitzgelegenheit genutzt, der Platz darunter bietet sich zum Verstauen selten benutzter Dinge wie Gästebettdecken, Wintersportausrüstung oder Rollschuhen an. In einem Spielzimmer oder einem Familienwohnraum könnte man statt dessen eine Truhenbank einbauen, deren Deckel sich öffnen lässt. Und wenn der Platz sehr knapp ist, sollten Sie einen Wandschrank mit einer ausklappbaren Arbeitsplatte in Erwägung ziehen.

Das Spektrum der Einbauregale reicht von dicken Brettern mit »unsichtbarer« Befestigung über schlichte Modelle im Shaker-Stil bis zu größeren Elementen mit drei oder vier Böden. In einer modernen Wohnung würden auch schmale, zwischen Regalfächern eingebaute Schubladen reizvoll aussehen. Kastenregale kann man übereinander aufhängen und dabei den Zwischenraum variieren, um je nach Bedarf Platz für flache Körbe oder höhere Bücher zu gewinnen. Hängen Sie

GEGENÜBER Eine ganze Wand mit einem Modulregal bietet genug Stauraum für zwei oder mehr Kinder in einem gemeinsamen Zimmer. Die Mischung aus offenen und geschlossenen Fächern macht es möglich, unattraktive Dinge zu verstecken, während die hübscheren sichtbar bleiben. Die unterschiedlichen, dekorativ gestalteten Fronten sehen interessant, aber nicht zu unruhig aus.

zuunterst ein großes Kastenregal auf und stufen Sie die Größen nach oben kleiner werdend ab.

Wird eine ganze Wand mit Regalen ausgestattet, achten Sie auf die Proportionen. Große, sperrige Dinge verstauen Sie am besten im unteren Bereich auf tiefen Regalen. Praktisch sind Schienensysteme mit Winkeln, die erlauben, die Regale je nach Bedarf umzuhängen. Denken Sie auch daran, dass flache Schubladen leichter in Ordnung zu halten sind als tiefe, in denen sich wie durch Magie immer allerlei Krimskrams anzusammeln scheint.

Eingebaute Regale über Türen sind besonders praktisch als Präsentationsfläche für Lieblingsstücke oder auffällige Accessoires, während offene Kastenregale an der Wand vielseitig nutzbar sind und immer aufgeräumt aussehen. In einem kleinen Zimmer könnte man auch an allen Wänden umlaufend auf Höhe einer Bilderleiste ein schmales Regal für zerbrechliche Dinge befestigen. Wenn der Platz ausreicht, sind auch einige tiefere Regale für große Spielsachen und Hüte sinnvoll. Und wenn die Eingangswand frei ist, könnte man rechts und links der Tür sowie darüber Regale anbringen. Offene Regale sind attraktiv, wenn Ihre Kinder von Natur aus ordentlich sind. Andernfalls lässt sich hinter geschlossenen Türen eine Menge verstecken.

Spätestens vom Grundschulalter an werden Mädchen sich ihres Äußeren bewusst. Ein Spiegel, beispielsweise passend für eine Nische zugeschnitten und flach an der Wand befestigt, könnte die Basis für einen maßgeschneiderten Schminktisch bilden. Bringen Sie zwei schmale Regale an der Wand an und schieben Sie dazwischen kleine Kästen für Schmuck und Accessoires ein. An einer Hakenleiste können Federboas, Hüte und Verkleide-Utensilien aufgehängt werden. Auch ein kleiner Wandschrank bietet sich zum Verstauen von Accessoires an, und selbst ein Setzkasten kann für die kleinen Schätze ausreichen.

LINKS Mit den dicken, graphisch aussehenden Regalen wird diese Ecke zu einem ernsthaften Arbeitsplatz. Weil sie exakt über dem Tisch angebracht sind, »schweben« sie nicht unmotiviert auf der Wandfläche.

LINKS Unter einem Kojenbett ist enorm viel Platz. Dieses Modell ist weiß lackiert und bekommt maritimes Flair durch den gestreiften Markisenstoff, der mit dem ausgeschnittenen Fenster an ein Strandhäuschen erinnert. Kleine Kinder nutzen den Raum unter dem Bett als Höhle, Kaufmannsladen oder Schlafzimmer für die Puppen. Natürlich kann man hier auch Stapelboxen, Körbe, Regale oder eine kleine Kommode unterbringen.

RECHTS Der Deckel macht diese Plastikboxen zu Hockern. Sie passen gut in ein modernes Spielzimmer und fassen wegen ihrer Tiefe auch größere Spielsachen.

MITTE Wenn es denn Designerstücke sein sollen, könnten Sie einen kleinen, hochglänzend lackierten Aktenschrank verwenden. Er passt ausgezeichnet zu dem Jack Light von Tom Dixon im Vordergrund.

FREI STEHENDE LÖSUNGEN

Einfache Bücherregale und flexible Regalsysteme sind anpassungsfähig und damit für Kinder jeden Alters geeignet. Sie können unbehandeltes Holz passend zum Zimmer streichen oder ein Material wählen, das zur Einrichtung passt.

Im Babyzimmer sieht ein kleiner Schrank mit massiven oder verglasten Türen hübsch aus und ist normalerweise auch groß genug für Wickelutensilien und etwas Kleidung. Geben Sie einem kleinen Kleider- oder Garderobenschrank einen neuen Zweck, indem Sie Böden einlegen und ihn für die T-Shirts, Pullover, Röcke und Hosen eines älteren Kindes verwenden. Praktisch für kleine Räume sind auch Schränke mit Stoffbespannung, die durchaus dekorativ sein können.

Sind die Kleider untergebracht, bleiben noch die Spielsachen. Sobald das Kind mobil wird, hebt es Spielzeuge auf, spielt damit und verteilt sie in allen Räumen der Wohnung. Darum sind bewegliche Behälter unerlässlich.

Körbe, Plastikkisten, Kästen aus Holz oder robuster Pappe, die man beschriften und in ein offenes Regal stellen kann, sollten ebenfalls nicht fehlen. Die aktuellen Lieblingsspielzeuge sollten dabei unten stehen, wo das Kind sie leicht erreichen kann. Kleine Kinder haben Spaß daran, Schilder mit Buchstaben oder Symbolen für die Kisten und Kästen selbst zu malen. Lassen Sie die Kunstwerke einschweißen und binden Sie sie wie Gepäckanhänger an die Behältnisse oder kleben Sie sie einfach auf Kunststoffkisten. Für sehr ordentliche Kinder kann auch ein Farbcode ausreichen, etwa Blau für Bauklötze, Rot für Autos und Verkehr.

Ist im Kinderzimmer nicht genug Platz für all die Habseligkeiten, sind kleine Rollregale mit eingehängten Körben eine gute Sache, weil man sie

OBEN Selbst vermeintlich ausgediente Möbel kann man mit etwas Lack in klaren, nicht zu grellen Farbtönen und mit witzigen Motiven noch einmal aufpeppen. Anstelle der Strampelhose würde auch ein Babygesicht gut passen.

OBEN Selbstgebaute Aufbewahrungskisten können preiswert und individuell an die Bedürfnisse angepasst werden. Hier halten Sie außerdem noch eine Tafel zum Schule-Spielen.

GEGENÜBER Simple Regale aus dem Baumarkt lassen sich individuell gestalten. Man kann sie passend zu den Wänden streichen und die Böden mit Stoff oder Folie beziehen. Auch mit einem Vorhang aus Musseline lassen sie sich dem Kind oder seinem Zimmer anpassen.

unter der Treppe, in einem Schrank und notfalls sogar hinter dem Wohnzimmervorhang diskret verstecken kann. Auch das abendliche Aufräumen wird so viel einfacher. In einen großen Korb kann man einen passenden Beutel mit Zugkordel einlegen und auf diese Weise auch schrill buntes Plastikspielzeug so gut verpacken, dass es weder im Wohnzimmer noch im Schlaf- oder Spielzimmer unangenehm auffällt.

Kisten auf Rollen lassen sich leicht transportieren, bergen aber gewisse Sicherheitsrisiken. Ein Kind kann so eine Kiste mit Deckel als ideales Vehikel betrachten, um das kleinere Geschwister darauf zu setzen und außer Sichtweite zu fahren. Trotzdem sind mobile Aufbewahrungskisten enorm praktisch. Achten Sie darauf, dass sich die Rollen feststellen lassen und machen Sie ihrem Kind klar, dass es keine Fahrzeuge sind.

Schubladen, die unters Bett gerollt werden, sind gut zum Aufbewahren für Spielzeuge und Spiele, Puppen und Werkzeugkästen. Man kann sie bei Bedarf auch zur Tierklinik oder Autowerkstatt umfunktionieren. Eine robuste Spielzeugkiste wird durch Rollen und ein Stück Seil als Griff gleich wesentlich vielseitiger. Es gibt eine Menge Dinge, die man hierfür problemlos zweckentfremden kann, von alten Reisekoffern bis zu alten Teekisten. Natürlich eignen sich solche Kisten auch für viele phantasievolle Spiele – sie können als Piratenschiff, Höhle oder Krankenhausbett dienen.

Kleiderstangen auf Rollen gibt es in verschiedenen Höhen für Kinder und Erwachsene. Sie sind praktisch zum Aufbewahren von Verkleide-Utensilien (siehe Seite 77), eignen sich aber ebenso als Minimalversion des konventionellen Kleiderschranks.

Manche ältere Kinder mögen Metallregale, die in Kombination mit metallenen Aktenschränken sehr gut aussehen. Größere Kinder, die eine Menge Schulbücher, Papiere, Fotos und andere Schätze unterzubringen haben, sind mit einem Schreibtisch in Erwachsenengröße gut bedient. Für Zeichnungen und Malzubehör ist eine schlichte Kommode sinnvoll.

OBEN Verkleide-Utensilien sollten schnell zur Hand und leicht aufzuräumen sein. Auf dem Regal über der Kleiderstange finden allerlei kleine Dekorationen Platz.

OBEN RECHTS In den Schubladen des Nachtschranks verschwindet eine Menge Kleinkram – und das Zimmer sieht automatisch ordentlicher aus.

WOHIN MIT DEM KLEINKRAM?

Vom Babyalter bis zur Schulzeit sind Beutel mit Zugschnur sehr nützlich, um all die kleinen, leichten Dinge zu verstauen. Solche Beutel sind nicht nur praktisch und handlich, sie können auch sehr dekorativ aussehen. Im Babyzimmer kann man sie an Klebe- oder Saughaken in Zweier- oder Dreierreihen aufhängen und mit Watte, Windeln und Pflegeprodukten füllen.

Passen Sie die Größe der Beutel dem jeweiligen Inhalt an. Hübsch sieht eine Hakenleiste mit einer Reihe von Beuteln aus – Ton in Ton oder in lustigen Kontrastfarben. Hängen die Beutel in einer für das Kind erreichbaren Höhe, kann es sich seine Sachen leicht selbst nehmen und man kann es auch leichter anhalten, sie später wieder aufzuräumen.

Kleine Kinder lieben es, Zugbeutel zu öffnen und Bauklötze, Puppenkleider, kleine Autos oder Eisenbahnwagen auszupacken. Sie könnten solche Beutel auch für Bilderbücher oder kleine Kleidungsstücke verwenden, etwa Unterwäsche und Strümpfe. Und auch das Gepäck für aushäusige Übernachtungen ist in so einem Beutel stets griffbereit untergebracht.

Das Aufräumen von kleinen Spielzeugen und winzigen Puppen ist ein Albtraum, wenn kein geeignetes Gelass vorhanden ist. Darum sollten auch kleinere Sortierhilfen nicht fehlen. Ideal sind Stoffbeutel, die man auf Holzstangen schieben oder mit kleinen Metallketten an der Rückseite der Tür, am oberen Etagenbett oder sogar unter einem Regalbrett aufhängen kann. Beutel auf der Innenseite der Tür sind auch für Schuhe und Hausschuhe praktisch. Persönlicher wirken sie, wenn sie mit dem Namen des Kindes oder einem Hinweis auf den Inhalt verziert sind. Filzbuchstaben in bunten Farben sind schnell mit der Nähmaschine aufgesteppt. Weiße Beutel sehen auch mit gemusterten Applikationen, die den Inhalt verraten, gut aus. Beutel für Sammlungen von Schlüsselanhängern, kleinen Autos oder Puppen lassen sich leicht kennzeichnen, indem man ein Exemplar außen befestigt, beispielsweise mit Klettband oder aufbügelbarem Stoffkleber.

Wenn Kinder älter werden, beginnen sie oft, allerlei winzige Dinge zu sammeln. Das können kleine Kettenanhänger sein, aber auch Haarspangen, Sammelkarten oder Miniautos. Für solche Kleinigkeiten, die Eltern leicht zur Verzweiflung treiben können, sind Minikommoden mit Schubladen ideal. Auch geheimnisvolle, aber wichtig aussehende Teile von Brettspielen oder Puzzles, die in letzter Sekunde vor dem Staubsauger gerettet wurden, sind hier sicher verwahrt. Fotos, Einladungskarten, Zeichnungen und Notizzettel sind an einer Pinnwand gut untergebracht.

RECHTS In großen Familien braucht jedes Kind seinen eigenen Stauraum. Zugbeutel eignen sich für die verschiedensten Dinge, die anderenfalls leicht auf dem Fußboden landen: Mützen, Schals und Sportschuhe gehören dazu. Bei einer größeren Beutelgalerie darf eine aufschlussreiche Beschriftung nicht fehlen.

GROSSE SPIELSACHEN UND GERÄTE

Für Brettspiele und andere große Spielzeuge, Nachzieh-Tiere und Spielzelte gibt es nichts Besseres als einen geräumigen Spielzeugschrank mit tiefen Fächern. Je mehr Platz Sie für so einen Schrank haben, desto besser.

Bastelmaterialien müssen außerhalb der Reichweite kleinerer Kinder aufbewahrt werden. Ein guter Platz ist ein abschließbarer Schrank. Auch ein alter Kinderkoffer auf einem höheren Regal kann praktisch und zugleich attraktiv sein. Aufrecht stehende Pinsel und Farbtuben lassen sich in offenen Kastenregalen übersichtlich verstauen. Ein wunderbares Malmöbel ist eine frei stehende Staffelei mit einer Rolle Zeichenpapier und einem verschließbaren Fach für Farben. Sie hat den zusätzlichen Vorteil, dass man sie jederzeit leicht transportieren kann.

Kleiderstangen auf Rollen, wie man sie auch hinter der Bühne eines Theaters benutzt, bieten sich zum Aufbewahren von Verkleide-Utensilien, Ballett-Tütüs und all den anderen Notwendigkeiten für phantasievolle Rollenspiele an. An so einer Stange lassen sich auch Beutel für Schals und Tücher, Schmuck und Federboas, Perücken, falsche Bärte und Stöckelschuhe aufhängen.

Malen Sie noch einige Hutschachteln oder Pappkartons um, in denen Hüte auf dem Fußge-

GEGENÜBER Größere Kinder wissen einen eigenen Arbeitsbereich zu schätzen. Wenn Freunde zum Spielen kommen, wird der Container mit den Schulsachen einfach beiseite gerollt.

LINKS Zeichenpapier-Rollen nehmen viel Platz ein. Was spricht dagegen, sie mit Schnüren an der Wand aufzuhängen, sodass gerade Kleinkinder jederzeit einem kreativen Impuls nachgeben können?

OBEN Alte Ladeneinrichtungen sind ideal für Mal- und Zeichenbedarf. Das gilt besonders für Familien mit Kleinkindern, die allzu leicht Chaos mit Farben und Stiften anrichten können.

RECHTS Ein langweiliger Kleiderschrank bekam mit etwas Farbe ein ganz neues Gesicht im Retro-Stil. Über dem Schreibtisch hängt ein Utensilo mit Taschen in verschiedenen Größen, der eine Unmenge Krimskrams schluckt.

stell des Ständers aufbewahrt werden, und fertig ist das mobile Verkleide-Requisitorium.

Fußbälle, Rollschuhe und Tennisschläger müssen schnell und problemlos zu finden sein. Schläger könnte man in einen Schirmständer in einer Zimmerecke stellen oder als originellen Blickfang in ein Fischernetz legen, das unter der Zimmerdecke hängt. Ein Netz für Bälle und Schläger kann auch in einer Zimmerecke aufgespannt werden. Etwas dezenter sieht eine Bahn aus weißem Baumwollstoff aus, die mit Ösen unter der Decke aufgehängt wird. Schmutzige Fußballschuhe verstaut man am besten in einem Zugbeutel, der innen mit Plastik gefüttert ist, während sich für Rollschuhe ein Kasten mit Deckel empfiehlt. Schraubt man Metallwinkel an die Wand, kann man darauf Skateboards wie Regalbretter ablegen. Helme und andere Kopfbedeckungen sehen am besten aus, wenn man sie in einer Reihe aufhängt. Wer all diese Utensilien lieber aus dem Blickfeld verbannen möchte, könnte im Kleiderschrank einen schmalen, hohen Bereich abteilen, in dem diese Dinge senkrecht verstaut werden.

TECHNOLOGIE

Es scheint, als ob sich von Jahr zu Jahr mehr technisches Gerät in den Kinderzimmern ansammelt. Kaum hat man durchgesetzt, dass kein Fernseher im Kinderzimmer angeschlossen wird, ist man schon in Diskussionen über eine Spielkonsole verwickelt. An einem Radiorekorder oder einer kleinen Musikanlage kommt heute kaum noch jemand vorbei. Am besten ist es, in einer Nische oder Ecke eine Arbeitsplatte mit Regalen als »Technik-Ecke« einzurichten. Denken Sie dabei auch an die Accessoires: Papier, CDs, DVDs für den Computer, Spiele für die Konsole, Kassetten für die Musikanlage.

Für den Computer reicht ein kleiner Schreibtisch aus. Ist der Platz knapp, kann der Bildschirm auf einem Schwenkarm an der Wand befestigt werden. Benutzen zwei oder mehr Kinder den Computer, kann auch ein Rollwagen sinnvoll sein, mit dem sich das Gerät samt allem Zubehör leicht in ein anderes Zimmer bringen lässt.

CHIC VERSTAUT

Wer möchte, dass der Nachwuchs selbstständig spielen, arbeiten und aufräumen lernt, sollte für ausreichenden Stauraum sorgen. Das Zimmer der zehnjährigen Hannah wirkt ordentlich, weil sie all ihren alltäglichen Kleinkram in maßgeschneiderten und gekauften Fächern unterbringen kann. Freunde kommen gern zu Besuch, weil das Zimmer immer einladend und freundlich wirkt.

LINKS In einer Schublade auf Rollen unter dem Bett verschwinden Hannahs gesamte Schuhe. So bleibt der Fußboden frei. Wenn ein Kind in seinem Zimmer ausreichend Stauraum hat, stehen die Chancen besser, dass es eine gewisse Ordnung hält.

LINKS Hannah hätte am liebsten ihr ganzes Zimmer in Pink gestrichen. Der Kompromiss mit den Eltern ließ ein leichtes Pastell-Rosa immerhin zu. Pink und Violett kommen im Bett, dem Teppich, dem Kissen und der Kommode unter der geschwungenen Arbeitsplatte vor.

OBEN Die praktischen, hübschen Wandregale mit Hakenleiste zogen sich in Hannahs Babyzeit um den ganzen Raum. Inzwischen wurde das Zimmer vergrößert und Hannah geht in die Schule. Die Regale blieben an zwei Wänden erhalten, weil sie sich nach wie vor zum Aufbewahren und Dekorieren sehr gut eignen.

Hannah durfte bei der Auswahl der Farben in ihrem Zimmer mitreden und Vorschläge machen, wie ihre kleinen, aber geliebten Habseligkeiten aufbewahrt werden sollten. In einer Kommode mit vielen quadratischen Schubladen finden all die Kleinigkeiten Platz, darunter Haarspangen, Minipuzzles, Spiele, Schmuck, Schminkutensilien und Handarbeitsmaterial. Hannahs kreative Neigung ist überall in dem Zimmer zu spüren, in der interessanten Farbkombination der Schubladenfronten ebenso wie in den dekorierten Spiegeln über dem Bett. Hinter den quadratischen Schubladen ist außerdem der Heizkörper unter dem Fenster diskret versteckt.

Viele Stauraum-Elemente sind durch Rollen flexibel. In der Schublade unter dem Bett sind Hannahs Schuhe untergebracht.

Wenn Freundinnen kommen, werden die großen Kisten unter dem Schreibtisch mit ihrem Inhalt aus Kleidern, glitzernden Stoffen, Feder-

OBEN Ein Regal auf Rollen fasst Hannahs umfangreiche Büchersammlung. Es steht neben der Tür, damit es bei Bedarf – etwa zum Saubermachen oder wenn Besuch über Nacht bleibt, schnell beiseite gerollt werden kann.

RECHTS Hannahs Vater hat den Korpus für diesen mobilen Schrank selbst gebaut und fertige Schubladenelemente für zusammengefaltete Kleidungsstücke eingesetzt. An der Oberkante ist ein Springrollo montiert, sodass die Kleidung vor Staub geschützt ist.

LINKS Die fertig gekauften Minikommoden mit quadratischen Schubladen sind in einen Korpus aus MDF-Platten eingebaut und bieten viel praktischen Stauraum. Mit den nach Hannahs Wünschen gestrichenen Fronten sind sie zugleich ein hübscher Blickfang.

boas und funkelnden Diademen einfach vorgerollt.

Hannah gefällt es, dass in ihrem Zimmer alles seinen Platz hat, sodass sie immer schnell findet, was sie braucht. Manches hat sich seit ihrer Kleinkinderzeit nicht verändert. Ihr erstes großes Bett, ein einfaches Modell aus osteuropäischer Kiefer, wurde nur weiß gestrichen. An zwei Wänden hängt noch immer ein schmales Regal mit Hakenleiste, das sich in ihrem Babyzimmer um alle Wände zog, teilweise aber einer Raumvergrößerung zum Opfer fiel. Heute dekoriert sie es mit Hüten und Taschen, Spielzeugen und selbst gemalten Bildern.

Weil Übernachtungsbesuch in diesem Alter beliebt ist, sind Bücherregal und Kleiderschrank mit Rollen ausgestattet, sodass sie schnell beiseite gerollt werden können, um Platz für ein Klappbett zu schaffen. Ihr Vater hat beide Möbel aus MDF-Platten selbst gebaut und in Hannahs Lieblingsfarbe Lila angestrichen. Der Schreibtisch in der Ecke hat eine abgerundete Vorderkante, an der sich gut arbeiten lässt. Mit seinem zart lilafarbenen Anstrich gibt er sich eindeutig als Arbeitsplatz eines Mädchens zu erkennen.

Der Nachttisch ist eigentlich eine Trommel, die Hannahs Vater ihr von einer Reise zum Karneval in Rio mitgebracht hat. Manchmal wird er tatsächlich als Musikinstrument benutzt, um die Pausen in den Modenschauen mit Freundinnen aufzulockern.

Alle Stauraumideen in Hannahs Zimmer sind sehr zeitgemäß und funktional, kosten aber wenig Geld. Hannahs Eltern haben einfache Materialien wie MDF-Platten gewählt und sie mit Farbe, Rollen und nach Maß gebauten Rahmen auf die individuellen Bedürfnisse zugeschnitten. Das Zimmer, an dessen Gestaltung Hannah beteiligt wurde, ist ein sehr persönlicher Bereich, in dem sie und ihre Freundinnen sich wohl fühlen.

RECHTS In großen Kisten auf Rollen kann man wunderbar Verkleide-Utensilien und Spielzeug unterbringen. Weil die Kisten keinen Deckel haben, ist das Aufräumen nach dem Spiel im Handumdrehen erledigt.

PROJEKT

KLEIDERSTANGE FÜRS BABY

Diese niedliche Kleiderstange ist eine einfache, hübsche und Platz sparende Lösung für das Babyzimmer. Die Kleider sehen dekorativ aus und hängen nicht im Weg.

Wenn in einem winzigen Babyzimmer der Platz nur für eine kleine Kommode ausreicht, kann eine Hängemöglichkeit ebenso dekorativ wie praktisch sein. Die Kleider sind gut zu sehen und schnell zur Hand. Wenn sie nicht benutzt werden, bieten Sie dem Baby etwas zum Anschauen. Eine hölzerne Dübelstange, die passend zur Wandfarbe gestrichen werden kann, wird einfach an verschiedenfarbigen Bändern aufgehängt. Alternativ könnten Sie auch gleichfarbige Bänder und Schleifen, Rosetten oder Stoffblumen als Dekoration verwenden. Besonders hübsch sieht es aus, wenn auch die Kleiderbügel mit passenden Schleifen verziert werden. Und ist die Decke hoch, könnte man zwei oder mehr Stangen übereinander aufhängen.

MATERIAL UND WERKZEUG

❉ Dübelholz, ca. 1 Meter lang ❉ Bandmaß ❉ Kleine Handsäge (für Holz) ❉ Vorstreichfarbe ❉ Weiße Dispersionsfarbe (lösemittelfrei) und Pinsel ❉ Weichholzleiste, ca. 1 Meter lang ❉ Bleistift ❉ Handbohrer ❉ 10 Messing- oder Chrom-Schraubhaken ❉ Satinband in verschiedenen Farben, 12 Millimeter breit ❉ Bohrmaschine ❉ Schraubenzieher und Schrauben ❉ Dübel ❉ Kinderkleiderbügel, weiß gestrichen

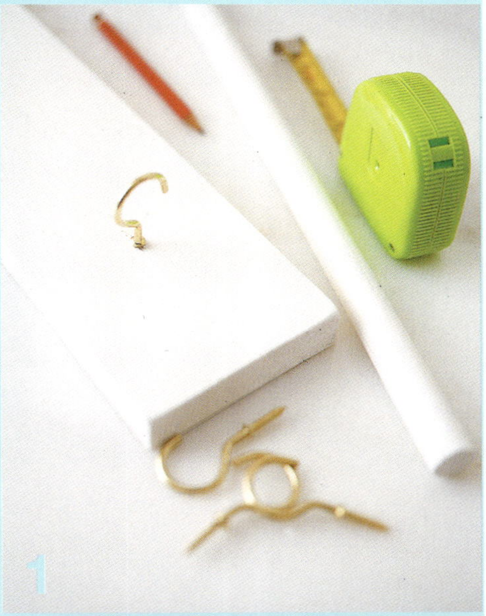

1 Das Dübelholz mit der Handsäge auf die gewünschte Länge schneiden, vorstreichen und trocknen lassen. Dann mit der weißen Dispersionsfarbe streichen und trocknen lassen. Alternativ könnten Sie auch seidenmatte oder glänzende Acrylfarbe verwenden. Wählen Sie dann ein Produkt mit geringer Emission. Die Weichholzleiste ebenso vorbereiten. Die Positionen der Schraubhaken mit dem Bleistift auf der Leiste anzeichnen (ca. 10 Zentimeter Abstand zwischen den Haken lassen), mit dem Handbohrer vorbohren und die Haken von Hand eindrehen.

2 Aus dem Band Stücke von ca. 60 Zentimeter Länge zuschneiden und mit Schleifen gleicher Größe an dem Rundholz festbinden. Die Schleifen gleichmäßig auf dem Dübelholz verteilen.

3 Die Hakenleiste an beiden Enden durchbohren und mit Dübeln an der Decke oder Schrägung anbringen. Die Bänder am Dübelholz lang auslegen und eventuell auf gleiche Länge schneiden. Die jeweils losen Enden der Bänder an die Haken binden. Wenn alle Bänder befestigt sind, kontrollieren Sie, ob die Stange gerade hängt und justieren bei Bedarf die Schleifen an den Schraubhaken nach.

OBEN So eine Kleiderstange lässt sich leicht dem Stil des Kinderzimmers anpassen. Anstelle der pastellfarbenen Satinbänder könnten Sie Drähte, weiße Kordel oder Metallketten verwenden. Leuchtend bunte Kinderkleider sind für sich allein schon dekorativ und können ein schlichtes, neutrales Zimmer angenehm beleben.

PROJEKT

ZUGBEUTEL

In diesen praktischen Beutel aus Jeansstoff passt ein zusammengerollter Schlafsack. So sind die Übernachte-Utensilien mit einem Griff zur Hand.

Dieser Beutel ist so groß, dass man darin einen Schlafsack unterbringen kann. In die außen aufgenähten Taschen mit einem Klettverschluss passen Pyjama, Kulturtasche und Ersatzwäsche. Der Boden des Beutels besteht aus wasserfestem Stoff. Das ist praktisch, wenn man ihn zum Zelten mitnimmt und einmal ins nasse Gras stellt. Sie können den Beutel in jeder gewünschten Größe nähen. Unser Modell ist etwa 45 Zentimeter hoch und hat einen Umfang von 86 Zentimeter. Jeansstoff sollte man vor der Verarbeitung waschen, damit er später nicht einläuft oder abfärbt.

MATERIAL UND WERKZEUG

❄ ½ Meter beschichteter Stoff (z. B. Wachstuch) ❄ Feiner Filzstift ❄ Teller oder Tablett (27 Zentimeter Durchmesser) ❄ Maßband ❄ Schere ❄ 1 Meter Jeansstoff, 90 Zentimeter breit ❄ Stecknadel, Nähnadel und helles Heftgarn ❄ Nähmaschine, blaues und weißes Garn ❄ Einschlagösen ❄ 2 Meter Kordel ❄ Klebeband ❄ Sicherheitsnadel ❄ ½ Meter fester, weißer Baumwollstoff ❄ Klettband zum Aufbügeln ❄ Bügeleisen ❄ Motive zum Aufbügeln ❄ Cutter und Schneidematte ❄ Transferpapier für Bügelmotive

1 Für den Boden das Wachstuch mit der rechten Seite nach unten legen und die Kontur des Tellers mit dem Filzstift nachzeichnen. Einen zweiten, einen Zentimeter größeren Kreis als Nahtzugabe anzeichnen, den äußeren Kreis ausschneiden.

2 Aus Jeansstoff ein Rechteck von 90 Zentimeter Breite zuschneiden. Dabei zur gewünschten Höhe unten 1 Zentimeter Nahtzugabe und oben 6 Zentimeter für den Saum addieren. Für diesen Beutel beträgt das Maß 90 x 55 Zentimeter. Eine Längskante des Jeansstoffs rechts auf den Boden legen und mit Stecknadeln in Abständen von etwa einem Zentimeter fixieren. Die Lagen entlang der inneren Linie mit Heftgarn zusammenheften. Die Schmalseiten des Jeansstoffs zu einer Röhre zusammenstecken, dabei eine Nahtzugabe von etwa 2,5 Zentimeter berücksichtigen.

3 Die Nahtzugabe des Bodens ringsum in kleinen Abständen mit der Schere V-förmig einschneiden. Boden und Seitenteil mit der Maschine zusammensteppen. Die Einschnitte sorgen dafür, dass sich die Rundung nicht wellt. Steppen Sie möglichst exakt auf der Filzstiftlinie. Dann die Seitennaht steppen und die Heftfäden entfernen.

Die Oberkante des Beutels einen Zentimeter breit nach innen umschlagen und feststeppen. 6,5 Zentimeter von der Oberkante und je etwa einen Zentimeter rechts und links der Seitennaht je eine Markierung anzeichnen und hier Ösen einschlagen (Herstelleranweisung beachten). Zwei weitere Ösen knapp über dem Boden ebenfalls einen Zentimeter rechts und links der Seitennaht einschlagen.

Den oberen Rand des Beutels nun ca. 5 Zentimeter breit nach innen einschlagen und mit der Maschine feststeppen. Dabei im Bereich der Seitennaht ein 5 bis 7,5 Zentimeter breites Stück offen lassen, um die Kordel einzufädeln. Die Kordelenden mit Klebeband umwickeln, damit sie nicht ausfransen. Ein Kordelende durch eine Öse schieben und die Sicherheitsnadel daran befestigen. Die Sicherheitsnadel mit der Kordel durch den Tunnel bis zur anderen Öse ziehen. Die Nadel entfernen und das Kordelende durch die Öse ziehen. Jetzt das letzte Stück der Tunnelnaht zusteppen. Die Kordelenden durch die beiden Ösen am Beutelboden ziehen, das Klebeband entfernen und die Enden verknoten. Den Beutel auf rechts wenden.

4 Für die Taschen aus Baumwollstoff Rechtecke in der gewünschten Größe zuschneiden, ringsum einen Zentimeter Nahtzugabe addieren. Die Nahtzugaben umbügeln und die Taschen mit weißem Garn auf den Beutel steppen. Das Klettband an der Oberkante der Taschen auf Beutel und innere Taschenränder bügeln. Die Motive ausschneiden und mit dem Transferpapier auf die Taschen aufbügeln (Herstelleranweisung beachten).

PROJEKT

BILDER-ROLLEN

In diesen praktischen Röhren, die an der Wand aufgehängt werden, sind die Werke kleiner Künstler bestens vor Flecken, Schmutzfingern und Eselsohren geschützt.

Diese Röhren sind schnell und einfach gemacht und sorgen endgültig dafür, dass Bilder nicht mehr zerknickt auf dem Grund von Schubladen oder hinter Schränken enden. Obendrein sehen sie gut aus, beispielsweise über dem Schreibtisch oder an der Tür.

Man kann die Röhren kunterbunt bekleben oder Ton in Ton auf die Zimmereinrichtung abstimmen. Pappröhren mit Deckel gibt es im Schreibwarengeschäft, Moosgummiplatten im Fachhandel für Bastelbedarf. Wer möchte, schlägt auch am unteren Rand der Grundplatte Ösen ein und befestigt dort kleine Metallklammern, an denen Bilder zum Trocknen aufgehängt werden können.

1 Von einer Moosgummiplatte genug zum völligen Einwickeln einer Pappröhre abmessen und oben einen 5 Zentimeter breiten Rand zum Aufhängen zugeben. Die oberen Ecken mit Stahllineal und Cutter schräg abschneiden. Das Moosgummi mit zwei Streifen doppelseitigem Klebeband an der Pappröhre befestigen. Die anderen vier Röhren ebenso bekleben.

2 Für die Grundplatte die Positionen der vier oberen Ösen anzeichnen, dabei die oberste Röhre als Führung benutzen. Falls sehr viele Bilder in den Röhren aufbewahrt werden sollen, verwenden Sie zwei Moosgummiplatten für die Rückwand, damit sie stabiler wird. Die Positionen der Druckknöpfe etwa 6 Zentimeter unter der Oberkante an beiden Seiten anzeichnen. Die Unterteile der Druckknöpfe einschlagen. Die Oberkante des Moosgummis 4 Zentimeter breit nach hinten umschlagen und die Ösen einschlagen. Wer noch nie Druckknöpfe oder Ösen eingeschlagen hat, sollte es zuerst auf einem Verschnitt-Stück ausprobieren.

3 Die Oberteile der Druckknöpfe an den Enden der beklebten Röhren einschlagen, sodass sie den Positionen der Unterteile auf der Grundplatte entsprechen. Dann jeweils in der Mitte der Röhren und an der entsprechenden Stelle der Grundplatte einen runden Klettpunkt aufkleben.

4 Die Röhren an den Druckknöpfen und den Klettpunkten befestigen. Die Kordel durch die Ösen ziehen und die Enden auf der Rückseite verknoten.

MATERIAL UND WERKZEUG

- je 1 Platte Moosgummi (45 x 30 cm) in Grün, Orange, Gelb und Rot sowie 2 Platten in Blau
- 5 Versandröhren mit Deckel, je 44 Zentimeter lang
- Cutter
- Bleistift und Stahllineal
- Schneidematte
- Doppelseitiges Klebeband
- 10 Druckknöpfe zum Einschlagen
- 4 Ösen zum Einschlagen
- Hammer
- 5 Klettpunkte
- 1 Meter stabile rote Kordel

PROJEKT

KISTENBANK AUF ROLLEN

Diese moderne Kistenbank mit den feststellbaren Rollen bietet nicht nur viel Stauraum für Spielzeug, sondern kann auch als Sitzbank benutzt werden.

Der robuste Baumwollbezug, unter dem sich ein bequemes Schaumstoffpolster verbirgt, wird mit Drehriegeln an den beiden Spielzeugkisten befestigt. Wer möchte, verwendet für den Bezug abwaschbares Wachstuch oder imprägniert den Stoff vor dem Zusammennähen gegen Flecken. Wer wenig Platz hat, kann auf die gleiche Weise eine Einzelkiste bauen. Und wer die Kisten nicht selbst bauen möchte, verwendet fertige Holzkisten, die bei Bedarf glatt geschliffen werden.

MATERIAL UND WERKZEUG

❄ 1 Stück MDF-Platte, 2,50 x 1,20 m, 15 Millimeter stark ❄ Stahllineal ❄ Schrauben und Schraubenzieher ❄ Handbohrer ❄ 8 robuste, feststellbare Möbelrollen ❄ Vorstreichfarbe ❄ Weiße Dispersionsfarbe und Pinsel ❄ 1 rechteckiges Stück schwer entflammbarer Schaumstoff, 7,5 Zentimeter dick, passend für das Bankmaß zugeschnitten ❄ ca. 1 x 1,50 m robuster Baumwollstoff ❄ Schere und Stecknadeln ❄ Nähmaschine und weißes Garn ❄ 12 Drehriegel mit passender Öse (Segelmacher) ❄ Weicher Bleistift ❄ Cutter und Schneidematte ❄ Zange

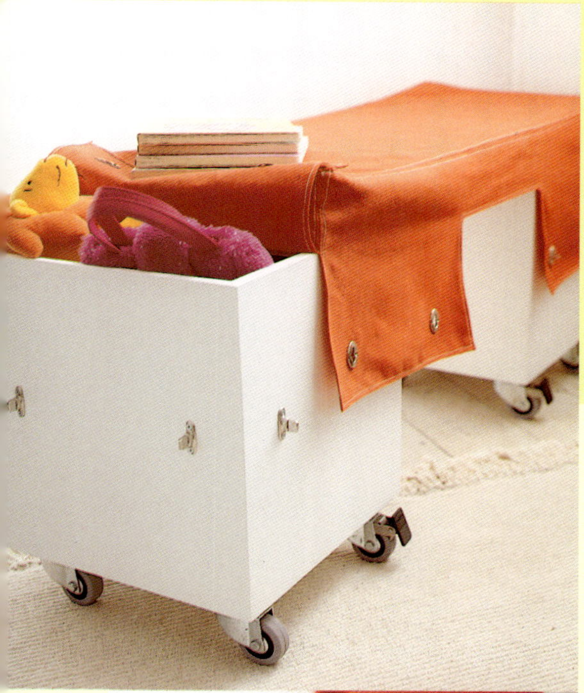

OBEN UND GANZ OBEN Beide Kisten lassen sich ein Stück weit unter dem Deckel vorziehen, sodass man leicht an den Inhalt gelangt. Ist der Deckel entfernt, lassen sich die Kisten wegen der Rollen leicht wegschieben.

OBEN RECHTS Mit aufgelegtem Deckel und verriegelten Rollen ist das Kistendoppel eine bequeme Bank.

Für die beiden Kisten je fünf Quadrate aus MDF-Platte zu offenen Würfeln verleimen und verschrauben. Die Seitenlänge der Kisten soll 32 Zentimeter betragen. Die Löcher für die Rollen in den Ecken des Bodens anzeichnen, mit dem Handbohrer vorbohren, dann die Rollen festschrauben.

Für den Deckel eine MDF-Platte von 90 x 23 Zentimeter zuschneiden. Zwei Streifen MDF-Platte von je 28 x 14 Zentimeter zuschneiden und so auf die Unterseite der Deckelplatte schrauben oder leimen, dass ihre Längsseiten 2 Zentimeter von den Schmalseiten der Deckelplatte entfernt sind (siehe Zeichnung Seite 180). Diese Streifen sorgen dafür, dass man bei verriegelten Rollen die Deckelplatte um eine knappe Kistenbreite verschieben und so an den Inhalt gelangen kann, ohne den Deckel ganz abzunehmen. Ein Stück Schaumstoff in der Größe der Deckelplatte zuschneiden.

Für den Bezug fünf Stücke Baumwollstoff passend für den Deckel zuzüglich rundum einen Zentimeter Nahtzugabe zuschneiden (Schnittmuster siehe Seite 180). Die Stoffklappen rechts auf rechts an den Oberstoff stecken und mit der Maschine steppen. Den Bezug über den Schaumstoff ziehen.

Den Deckel samt Bezug auf die Kisten legen. Die Positionen der Drehriegel auf den Kisten und dem Stoff anzeichnen. An jeder Kiste sechs Drehriegel festschrauben, dafür die Löcher mit dem Handbohrer vorbohren. Die Ösen einzeln auf dem Stoff ausrichten, das innere Oval jeweils mit einem weichen Bleistift anzeichnen. Den Stoff abnehmen, die Ovale vorsichtig mit dem Cutter ausschneiden. Die Oberteile der Ösen außen auf den Stoff legen. Die Innenteile dagegen drücken und, je nach Produkt, mit einem Hammer befestigen oder die Zähnchen mit einer Zange aufbiegen. Besonders stabile Ösen kann man auch für wenig Geld beim Segelmacher anbringen lassen.

Dekoration

KREATIVER SPASS

Ob Sie ein Babyzimmer von Grund auf neu einrichten oder ein vorhandenes Zimmer renovieren, das Gestalten eines Kinderzimmers gehört zu den vergnüglichsten und kreativsten Aspekten des Elternlebens. Im Kinderzimmer können Sie sich kreativ austoben und sicher sein, dass Ihr Nachwuchs das schätzen wird. Und da Kinder sich immer mehr für die Gestaltung ihrer Zimmer interessieren und engagieren, kann so eine Renovierung auch eine gemeinsame Aktion werden. In Familien, in denen beide Eltern berufstätig sind, zählen solche kreativen gemeinsamen Beschäftigungen zu den beliebtesten Aktivitäten abseits der täglichen Routine.

Zuerst muss entschieden werden, wie das Zimmer gestaltet werden soll. Dabei sollten Sie einige Aspekte bedenken: das Alter des Kindes und die Zeitdauer des Resultats. Soll das Zimmer gelegentlich auch als Gästezimmer für Erwachsene genutzt werden? Und natürlich spielt Ihr eigener Stil eine Rolle – farbenfroh oder gedämpft, gemustert oder uni, glamourös oder praktisch.

Haben Sie diese Grundfragen geklärt, können Sie Stil, Thema und Materialien auswählen. Das ist allerdings nicht so einfach, wie man meinen möchte, denn in den letzten Jahren hat die Einrichtungsbranche das Kinderzimmer für sich entdeckt und das Angebot ist entsprechend groß. Die Auswahl ist verführerisch bis verwirrend, ob es um Tapeten, Bordüren, Bettwäsche, Lampen oder auch Farben geht. Früher musste man nur den Farbton für die Wand aussuchen, heute kann man auch metallische, magnetische, glitzernde und duftende Farben kaufen. Die Wände tragen nicht mehr nur das Dach und unterteilen die Räume, sie sind zu einer weißen Leinwand oder einer Wandtafel geworden und Menschen mit Sammelleidenschaft benutzen sie auch gern als Pinnwand. Auch andere Flächen bieten sich zur Dekoration an. Schrankfronten und Türen, Möbel und Fußboden, Stoffe und Accessoires kann man bemalen oder mit Applikationen, Schablonen-

OBEN Schranktür-Fronten aus Kükendraht sehen dekorativ aus, erlauben aber auch Durchblicke auf den Inhalt. Hier lenken die fliederfarbenen Wände und der rosa Bollerwagen als weitere Blickfänge die Aufmerksamkeit teilweise von ihnen ab.

RECHTS Holzregale im gleichen Farbton wie die Wände bilden einen Kontrast zum klaren Weiß, das ansonsten vorherrscht. Poster, Landkarten, Fußballtabellen oder Tierbestimmungs-Tafeln können in die Farbgestaltung einbezogen werden.

oder Découpagemotiven in verschiedensten Stilen, Farben und Materialien verzieren. In diesem Kapitel soll es um die verschiedenen Möglichkeiten und ihre praktische Verwendung gehen, es soll Ihre eigene Kreativität und die Ihrer Kinder anregen.

OBEN Mit einem frischen Anstrich in kunterbunten Farben lassen sich langweilige Wände und alte Möbel im Nu aufpeppen. Kinderzimmer vertragen grelle Farben besser als Wohnräume für Erwachsene.

OBEN Fundstücke vom Flohmarkt geben einem Kinderzimmer oft mehr Charakter als Möbel von der Stange. Hier wird eine alte Kinderbank als Nachttisch verwendet.

OBEN RECHTS Dieses Babyzimmer im Stil der 1960er Jahre wurde mit sehr wenigen Möbeln ausgestattet. Die großflächig verklebte Tapete mit dem grafischen Muster macht jede weitere Wanddekoration überflüssig.

STIL UND FARBE

Die Versuchung ist groß, sich im Kinderzimmer richtig auszutoben und es mit Wandbildern, unruhigen Mustern und leuchtenden Farben zu gestalten. Etwas Zurückhaltung ist jedoch kein Fehler, wenn man allzu häufiges Renovieren vermeiden möchte. Vor allem im Babyzimmer geht es darum, ein einladendes und behagliches Ambiente zu schaffen. Gestaltet man das Babyzimmer relativ schlicht, kann man im Laufe der Jahre immer wieder Farben, Möbel und Stauraum-Elemente hinzufügen. Wenn Sie Ihren kreativen Impulsen aber nicht widerstehen können, sollten Sie Wandbilder oder Motive vielleicht auf eine Wand beschränken. Es ist einfacher und preiswerter, nur eine Wand überzustreichen, wenn das Kind dem Thema entwachsen ist oder Sie sich das Motiv übergesehen haben.

Statt sich sklavisch an das Konzept einer bestimmten Möbelkollektion zu halten, sollten Sie lieber das Ekklektische anstreben. Es wirkt origineller, ansprechender und vor allem persönlicher, wenn schöne Einzelstücke zusammengetragen werden, etwa alte Möbel oder Spielzeuge mit besonderem Charakter. Und sind die Grundelemente einmal an ihrem Platz, kann man mit einer gemusterten Tapete an einer Wand oder mit einem auffälligen Kissen dem Ganzen eine persönliche Note geben.

Bei der Gestaltung des Babyzimmers entscheiden Sie als Eltern allein über die Farbe. Günstig sind schlichte, helle Töne. Für Farbe lässt sich gut mit Accessoires sorgen. Sie werden feststellen, dass die Kleidungsstücke, Spielzeuge und vielleicht einige Dekorationsstücke wie Bilder, Vorhänge oder bemalte Möbel ausreichen, um den Raum lebhaft und interessant wirken zu lassen. Wenn das Kind älter ist, bietet der schlichte Hintergrund einen guten Rahmen für seine eigenen Zeichnungen und persönlichen Schätze.

Jedes Kind hat eine Lieblingsfarbe, und manches wünscht sich sein Zimmer ganz in sattem Orange, Grün, Blau oder Gelb. Wenn Sie nicht das ganze Zimmer in einer so intensiven Farbe streichen möchten, könnten Sie die Wände neutral halten und auf die Lieblingsfarbe durch buntes Zubehör wie Tagesdecke, Rollos, bemalte Möbel, Lampenschirme oder Läufer eingehen. Teilen sich zwei Kinder ein Zimmer, haben sie vermutlich unterschiedliche Präferenzen. In diesem Fall könnten zwei Wände, etwa hinter den beiden Betten, in unterschiedlichen, aber miteinander harmonierenden Farben gestrichen werden. So werden zu-

LINKS Vor intensivfarbigen Wänden sehen weiße Möbel frisch und ansprechend aus. Das kleine, ausgeschnittene Herz in der Schranktür könnte sich als Motiv auf den anderen Türen im Raum wiederholen. Der Vorteil eines weißen Anstiches ist, dass er sich problemlos erneuern oder ausbessern lässt, wenn er einmal unansehnlich wird.

gleich die persönlichen Bereiche der beiden Kinder optisch abgegrenzt.

Die Kombination von zwei klaren Farben wirkt im Kinderzimmer oft besonders gut. Apfelgrüne Wände beispielsweise sehen mit roter oder cremefarbener Bettwäsche frisch und lebhaft aus. Rosa Wände mit hell erbsengrünen Tür- und Fensterrahmen sind eine ausgesprochen feminine Kombination, während älteren Kindern Metallbetten und Wände in kräftigem Türkis oder Lila gefallen. Lassen Sie Ihr Kind wenigstens eine der Wandfarben selbst aussuchen. Dadurch erleichtern Sie sich selbst auch spätere Verhandlungen über eventuelle Umgestaltungen des Zimmers.

OBEN Größere Jungen lieben Farbtupfer in klarem Rot und Blau. Werden Bettwäsche, Teppich und Accessoires als Farbträger verwendet, kann das traditionelle Holzbett unverändert bleiben. Hier setzt die amerikanische Flagge einen geometrischen Akzent.

EIN THEMA WÄHLEN

Wenn Sie im Vorwege ein Thema für die Kinderzimmerdekoration festlegen, fällt die Gestaltung und die Auswahl der Accessoires leichter. Im Idealfall werden neben der Gestaltung des Raums auch Möbel, Stoffe und Bett in dieses Thema einbezogen. Zu den unerschütterlich beliebten Themen für Jungen zählen Ritter und Burgen, Hexen und Zauberer, Fußball, Cowboys und Piraten, während Mädchen mehr zu Elfen, Ballett, Cowgirls, dem Zirkus und Tieren neigen.

Wenn ein Mädchen und ein Junge sich ein Zimmer teilen, müssen Kompromisse gefunden werden. Für beide eignen sich beispielsweise maritime Themen, der Dschungel oder die freie Natur (siehe Seite 114–117). Ältere Kinder haben oft andere Präferenzen, etwa geometrische Muster oder skurrile Kleckse, Chrom im Industriestil oder bestimmte Fernsehstars. Wenn Ihnen eine solche Gestaltung zu festgelegt erscheint, könnten Sie andere Stile in Erwägung ziehen. Altmodische Blumenstoffe wirken in einem Mädchenzimmer hübsch und unaufdringlich, während Jungen sich seit Harry Potter für den Schlafsaal-Stil begeistern können. Natürlich könnten Sie auch ein Hobby des Kindes aufgreifen – von Meeresmotiven bis zu Lastwagen oder Rennautos.

GESTALTEN MIT FARBE

Das preiswerteste und wirkungsvollste Mittel zur Gestaltung des Kinderzimmers ist Farbe. In den ersten Jahren sind abwaschbare Farben sehr sinnvoll, weil sie die Lebensdauer jeder Malerei verlängern. Wenn Sie konventionelle Dispersionsfarben verwenden, auf der jeder Fingerabdruck schnell sichtbar wird, sollten Sie die Oberfläche mit einer Schicht aus mattem Klarlack schützen. Haben Sie Allergiker in der Familie, sind organische Farben eine Überlegung wert (siehe Seite 134–137).

Die Farbenindustrie bringt immer neue Produkte hervor. So manche Spezialfarbe lohnt einen Versuch, beispielsweise magnetische Farbe für Pinnwände, Wandbilder oder Bordüren in Höhe der Stuhllehnen. Metallicfarben, die vor allem in kleinen Räumen reizvoll wirken, werden in vielen Tönen angeboten. Malen Sie damit ein Schachbrettmuster, eine Bordüre oder ein Bullauge auf die Wand, um den Texturkontrast zu unterstreichen. Ganz neu sind Farben, die nach Himbeeren oder Zitronen duften. Bedenken Sie aber, dass ihr Reiz sich nach relativ kurzer Zeit verlieren wird.

Glitzerfarben sind originell und passen gleichermaßen zu Weltraum- wie zu Feenthemen. Sie werden auf die Wandfarbe aufgetragen, Details können mit glitzernden Lackmalstiften aufgemalt werden.

Die Kombination von zwei oder mehr Farben ist für Kinderzimmer besonders beliebt. Ein eher kleiner, dunkler Raum kann enorm gewinnen, wenn man beispielsweise die Wände in einer und die Tür- und Fensterrahmen in einer anderen Farbe streicht. Falls Sie für die Wände eine sehr intensive Farbe wählen und später einmal die Farbgestaltung ändern wollen, sollten Sie bedenken, dass dann mehrere Anstriche für eine optimale Deckung erforderlich sind.

Auch Wandbilder sind eine beliebte Dekoration. Sie sollten sich aber auf eine Wand beschränken, damit das Motiv nicht zu dominant oder gar erdrückend wirkt.

LINKS Es ist schwer der Versuchung zu widerstehen, in einem Mädchenzimmer etwas rosa zu streichen. Wer nicht ein ganzes Zuckerbäcker-Zimmer gestalten möchte, könnte sich auf ein Möbelstück beschränken. Details in Gold und Silber, mit magnetischer oder nachtleuchtender Farbe setzen dem Werk das i-Tüpfelchen auf.

Sehr praktisch und dekorativ ist auch eine Vertäfelung aus weiß gestrichenen Nut- und Federbrettern. Sie kann entweder die halbe Wandhöhe einnehmen und mit einem schmalen Regal – in Weiß oder in einer Kontrastfarbe gestrichen – abschließen, oder bis zur Decke reichen. Eine Täfelung bis zur halben Wandhöhe lässt durch die Querunterteilung der Fläche eine hohe Decke niedriger wirken. Eine deckenhohe Täfelung hingegen macht den Raum durch die vertikalen Linien optisch höher, was vor allem in kleinen, niedrigen Zimmern ein hilfreicher Kunstgriff ist. Auch durch hoch an der Wand angebrachte Regale lässt sich eine Illusion von Raumhöhe erzielen.

OBEN Kleine Kinder lieben stark vergrößerte Babyfotos an der Wand. Hier wurde das Foto mit plakativen Symbolen und einem Rand aus Polsternägeln dekoriert.

TAPETEN UND BORDÜREN

Tapeten waren lange Zeit aus der Mode, sind aber wieder im Kommen. Neue und interessante Texturen und Motive werden angeboten. Das aktuelle Angebot umfasst beispielsweise Mosaikmuster, Holzeffekte, geometrische Muster in verschiedenen Texturen und Fototapeten mit Landschaftsmotiven. Natürlich gibt es auch die übliche Sammlung an Märchen- und Comicfiguren, manche geschmackvoller als andere.

Gegenüber getäfelten oder gestrichenen Wänden hat Tapete den Nachteil, dass man sie sich leichter übersieht. Andererseits bildet sie eine robuste, abwischbare Oberfläche. Eine gute Kompromisslösung wäre, nur eine Wand als Blickfang zu tapezieren.

Dekorative Bordüren können einem kleinen Zimmer viel Charakter geben. Wenn man sie aber austauschen will, muss man oft das ganze Zimmer renovieren. Achten Sie bei der Auswahl darauf, ob sich eine Bordüre später leicht ablösen lässt.

PINNWÄNDE

Alle Kinder ab drei Jahren aufwärts mögen es, wenn sie eine Wandfläche mit eigenen Bildern dekorieren dürfen. Eine große Pinnwand aus Kork, in der gleichen Farbe wie die Wand gestrichen, hält lange und bietet sich als vielseitige Präsentationsfläche für Bilder und Zeichnungen, Einladungskarten und Fotos an. Für kleine Kinder kann man sie mit einem bunten Papprahmen einfassen, der später durch einen Holzrahmen ausgetauscht wird. Ältere Kinder finden auch eine Lichterkette als Rahmen attraktiv und schätzen eine Hakenleiste über der Pinnwand, an der Sportmedaillen und ähnliche Trophäen aufgehängt werden können.

Solche Korkplatten kann man mit MDF-Platten kombinieren, die mit Tafelfarbe gestrichen oder besprüht werden. Sprühfarbe ist zwar teurer, lässt sich aber schneller und einfacher auftragen. Am besten bringt man gleich unter der Tafel einen kleinen Zugbeutel oder ein anderes hängendes Behältnis für Kreide oder Tafelstifte an. Unter der Tafelfarbe könnte man magnetische Farbe auftragen, sodass hier auch wichtige Nachrichten, Stoffmuster und Geheimnotizen von Freunden befestigt werden können. Und hängt man noch eine Batterieuhr dazu, bekommt das ganze Ensemble eine organisierte und praktische Ausstrahlung.

Wer eine Pinnwand zum Aufhängen bevorzugt, könnte eine MDF-Platte mit einem Wattiervlies und Filz oder Stoff – passend zu den anderen Textilien im Raum – beziehen. Für kleine Kinder sind auch Weißwandtafeln empfehlenswert.

OBEN An einer Bilderleiste auf halber Wandhöhe können in diesem Spielzimmer Kinderzeichnungen angebracht werden. Der breite Streifen in leuchtendem Orange gibt der Wand noch mehr Charakter.

OBEN LINKS Mit Tafelfarbe auf die Wand gemalte Flächen in kinderfreundlicher Höhe bieten sich vor allem für die Malversuche von Vorschulkindern an.

RECHTS Eine Sammlung von Stoffspielzeugen reicht als Dekoration vor der himmelblauen Wand aus. Die selbst genähte Tagesdecke passt gut zu den kunterbunten Puppen und Tieren. Eine Hakenleiste mit Häuschen-Motiven wird durch Lätzchen und anderes Kinderzubehör fast verdeckt.

MITREDEN LASSEN

Kinder lieben es, wenn sie an der Gestaltung ihres Zimmers beteiligt werden. Das bedeutet aber nicht, dass Sie einen großen Farbeimer öffnen, dem Kind einen Pinsel geben und dann in Deckung gehen müssen. Es macht zwar viel Spaß, das Kinderzimmer in einer Familienaktion zu dekorieren, ein Fachmann erledigt die Sache allerdings schneller und wahrscheinlich mit weniger Stress.

Selbst zweijährige Kinder können schon aktiv an der Gestaltung beteiligt werden. Man könnte gemeinsam Tierfiguren ausschneiden – Kopf, Körper und Gliedmaßen getrennt –, diese mit Musterklammern verbinden und an der Decke oder an den Wänden aufhängen. Elfen, Fußballspieler oder Ballerinen sind natürlich ebenso denkbar. Ausgeschnittene Schneeflocken und Blüten aus buntem Seidenpapier und einfachem, weißem Papier eignen sich gut als Fensterdekoration. Mit einem Rahmen aus schwarzem Papier entsteht der Eindruck eines Buntglasfensters.

Andere Dekoration, die festlich oder einfach lustig aussehen können, sind Papierketten aus Tapetenresten oder ausgeschnittenen Formen, die vorübergehend an der Wand befestigt werden. Man könnte auch stark vergrößerte Kinderfotos aufhängen und mit dem Namenszug und vielleicht einigen »Denkblasen« versehen. Einfache Motive wie Eisenbahnen, Gänseblümchen, Lastwagen, Menschen oder Fußbälle kann man direkt auf die Wand malen. Malerleinwand aus dem Künstlerfachhandel ist ideal, um ältere Kinder ihre Kreativität ausleben zu lassen – ob sie nun Bilder malen oder nur Flächen in ihren Lieblingsfarben.

Auch die Kunstwerke der Kinder können auf verschiedene Weise präsentiert werden. Eine Jute- oder Metallschnur mit kleinen Wäscheklammern ist ideal für Produkte, die innerhalb weniger Tage von neuen Werken abgelöst werden.

Kinder von etwa sechs Jahren an sollten sich auch Farbkarten ansehen dürfen, um ihr Farbempfinden zu schulen. Legen Sie ein Ideenheft für Gestaltungsvorschläge an und regen Sie das Kind an, Fotos aus Zeitschriften auszuschneiden. Es wird bald die Faszination am Kombinieren von Farben, Fotos und Fundstücken wie Federn, Blättern und Kieseln entdecken. Indem Sie es darauf hinweisen, wie eng Natur und Farbe verwoben sind, wird es lernen, genauer auf seine Umgebung zu achten.

Um einen eigenen Beitrag zur Gestaltung des Zimmers zu leisten, könnten Kinder auch Rahmen für die liebsten Bilder oder Fotos herstellen. Kinder von fünf oder sechs Jahren sind durchaus imstande, einen preiswerten Holzrahmen zu bemalen, mit Pailletten, Muscheln oder winzigen Fußbällen zu bekleben.

Auch die Découpagetechnik eignet sich zum Verzieren von kleinen Objekten und ebenso von Möbeln. Es ist eine preiswerte und befriedigende Technik, für die man kaum mehr als einige alte Zeitschriften braucht. Mischen Sie ein Teil PVA-Leim mit zwei Teilen Wasser, bestreichen Sie die Rückseite des Papiers damit und kleben Sie es an den gewünschten Platz. Nach dem Trocknen wird eine Schicht der Leim-Wasser-Mischung als Versiegelung aufgetragen.

LINKS Die rustikal verkleidete Dachschräge braucht nicht viel Dekoration. An einer einfachen Wäscheleine baumeln bunte Kunstwerke. Unter der Schrägung ist genug Platz für Bücherregale und einen Klapptisch. Die Sitze der beiden Metallhocker sind mit Tier- und Blumenmotiven in Découpagetechnik verziert.

RECHTS Ein Schachbrettmuster lässt sich recht einfach auf Bodendielen aufmalen. Kleben Sie die Konturen vorher sauber ab und wählen Sie Farben, die nicht zu aufdringlich sind.

MITTE Der Fußboden kann auch zur eigenständigen Dekoration werden. Dieses Linoleum leuchtet in einem warmen Rotton.

DER FUSSBODEN

Abgeschliffene, gestrichene Dielen passen besonders gut in kleine Zimmer, vor allem für Babys. Weiß und andere helle Töne wirken neutral und können kleine Räume optisch vergrößern. Wer mag, dekoriert sie mit einem lebhaften Läufer. Besonders strapazierfähig für Bodendielen sind seidenmatte Farben für den Außenbereich, die durch eine Schicht aus mattem Klarlack zusätzlich versiegelt werden. Man kann auf die Dielen auch Fliesen- oder Schachbrettmuster in zwei oder mehr Farben gestalten, jedes Brett in einer anderen Farbe streichen, Kreise, Trittsteine oder einen einfachen »Teppich« aufmalen.

Andere praktische und preiswerte Bodenbeläge sind Korkfliesen, Gummibeläge und natürliches Linoleum, das antibakterielle Eigenschaften hat. Alle sind fußwärmer als konventionelle Vinylbeläge und sie lassen sich schnell und einfach sauber halten. Eine gute Ergänzung ist ein Läufer oder

ein kleiner Teppich, der nicht nur behaglich wirkt, sondern in einem sparsam möblierten Zimmer zugleich als Blickfang dient.

Praktisch auf harten Böden sind auch Matten aus derbem Drell, die man nah Belieben selbst bemalen kann, etwa mit Tiermotiven, Hüpfkästchen oder überdimensionalen Spielbrettern. Zum Bemalen eignen sich Acrylfarben, günstiger sind aber spezielle Stofffarben, die eine gelegentliche Wäsche nicht übel nehmen.

OBEN Glitzernde, leicht strukturierte Linoleumfliesen sehen im Kinderbad witzig aus und sind praktisch. Eine Badematte ist weich unter den Füßen und saugt kleine Überschwemmungen auf.

OBEN Das Blütenmuster wiederholt sich auf der Tapete und dem Bettgestell. Zum Malen und Aussägen der Motive wurden die gleichen Schablonen verwenden.

MITTE Die schlichte, neutrale Dekoration dieses Spielzimmers bezieht auch die kleinen Stühle und den Tisch in Cremeweiß mit ein.

GANZ RECHTS Dieses Babyzimmer mit den gemalten Motiven auf Wänden, Möbeln und Lampenschirmen sowie dem Mosaikrahmen des Spiegels ist ein kunterbuntes Farbenmeer.

MÖBEL

Das Bett ist normalerweise das Zentrum des Kinderzimmers, darum sollte es – vor allem um die Schlafenszeit – möglichst einladend sein. Kopf- und Fußteil bieten sich für vielfältige Dekorationen an. Man kann sie streichen, beizen oder bemalen, Muster aussägen oder die ganze Kontur gestalten, vielleicht als Zinnen, Kuppeln oder Wellen. Sie könnten auch ein einfaches Kopfteil aus MDF-Platte zusägen, polstern und mit Stoff bespannen, um eine gemütliche Rückenlehne zu schaffen. Wer geschickt ist, kann ein ganzes Bettgestell aus MDF-Platte bauen und als Auto, Schiff oder Eisenbahnwagen gestalten – komplett mit aufgemalten Details. So wird die Schlafenszeit für kleine Nachteulen viel attraktiver.

Alte oder ramponierte Möbel lassen sich mit etwas Farbe im Nu wieder auffrischen. Für das Babyzimmer wird man meist eine Kommode passend zur übrigen Ausstattung streichen. Das Kinderzimmer bekommt viel mehr Persönlichkeit, wenn man beispielsweise bunt bemalte Griffe anbringt, Découpage-Motive aufklebt (siehe Seite 102) oder ausgesägte Holzmotive aufleimt. Auch mit Schablonenmotiven und speziellen Farben kann man langweilige Möbel schnell und preiswert aufpeppen.

Schlichte Frisiertische, Paravents und Minikommoden werden auch zum selbst Bemalen aus unbehandelter MDF-Platte oder Sperrholz angeboten. Ideal zum Streichen sind matte Farben auf Wasserbasis. Pfiffig kann auch ein Trompe l'oeil aussehen, und man braucht nicht einmal viel Geschick, um eine Kommode wie einen Fußballstutzen zu gestalten oder ein Springseil aufzumalen, das aus einer Schublade hängt.

Sind die Oberflächen frisch gestrichen, können sie uni bleiben oder mit Motiven, Bildern oder Texturen verziert werden. Geeignet sind beispielsweise Schablonen, Découpagetechnik, farbige Klebebänder, Klebefolie oder Motive zum Aufbügeln. Geometrische Formen sehen immer gut aus. Lassen Sie Ihr Kind ruhig auch Motive auf die Schubladen einer kleinen Kommode

malen oder eine kleine Hakenleiste lackieren, die später an der Wand oder unter einem Regal befestigt wird.

Auch Kindermöbel, etwa Stühle und Tische aus Holz, sowie Aufbewahrungsmöbel können durch einen Anstrich gewinnen. Dekorieren Sie Stühle mit Namen und Geburtsdatum der Kinder oder mit anderen Motiven, die ihren jeweiligen Persönlichkeiten entsprechen. Ein zusammenhängendes Bild entsteht, wenn Sie beispielsweise den Puppenkleiderschrank, einen kleinen Schaukelstuhl und eine Minikommode in der gleichen Farbe streichen und dann, je nach Stil des Raumes, Blumen, Eisenbahnen oder Elfen aufmalen.

OBEN Blümchenmuster und Vichykaro vertragen sich im Schlafraum gut. Jungen finden vielleicht Streifen und Tupfen schöner.

RECHTS Ein Moskitonetz ist schnell aufgehängt und wirkt sehr dekorativ. Lustig sieht es aus, wenn man kleine Spielzeuge in regelmäßigen Abständen am Haltering befestigt.

BETTEN UND TEXTILEN

Mit Stoffen kann man im Baby- und Kinderzimmer leicht dekorative Details integrieren, ohne sich auf eine spezielle Gestaltung allzu stark festzulegen. Für ein neu geborenes Baby braucht man nur einige Laken und etwas Bettwäsche. Man könnte am Kopfende einen romantischen Himmel aus Musseline anbringen. Patchwork-Quilts, Fleece-Decken oder weiche Wolldecken sorgen für Wärme und visuelle Abwechslung gleichermaßen. Weil sie lange halten, kann man sie immer wieder verwenden – im Kinderwagen und in der Karre, zum Liegen auf dem Boden, später als Krabbel- und Spieldecke. Solche Decken können für eine Weile zum liebsten Tröster des Kindes werden, und später decken sie immer noch Puppen oder Stofftiere zu.

Selbst genähte Bettwäsche eignet sich am besten, um den persönlichen Stil auszudrücken, und sie ist preiswerter zu ersetzen, wenn das Kind ihr entwachsen ist.

Wer den typischen Kindermotiven nicht widerstehen kann, sollte sich auf ein Bodenkissen oder einen Querbehang am Fenster beschränken, statt das ganze Zimmer damit zu dekorieren. Vom Krabbelalter an lieben Kinder Sitzsäcke und dicke Bodenkissen, die eine Menge Stöße und Knüffe vertragen. Auch Etagenbetten bieten sich für Dekorationen mit Stoffen an. Man könnte beispielsweise eine Stoffbahn unter die obere Matratze schieben und so das untere Bett in eine gemütliche Höhle verwandeln. Selbst einfache Bettlaken lassen sich mit Applikationen aus Tarnmuster-Stoff, Glitzerstoffen oder Tierdrucken wunderbar variieren und dem Zimmerstil anpassen.

Als Himmel über einem Einzelbett reicht eine einfache Stoffbahn aus. Man kann Motive auf den Stoff applizieren oder nur die Ränder verzieren, etwa mit künstlichen Blumen, einer Lichterkette oder herabhängenden, bunten Bändern.

Steppdecken und Fleece-Tagesdecken sind ein hübscher Blickfang. Sie können, je nach sonstiger Gestaltung des Zimmers, eher neutral bleiben oder kunterbunt sein. Praktisch ist es, auf Decken Taschen für allerlei Kleinigkeiten aufzunähen (siehe Seite 120–121). Pachtwork-Quilts sind echte Erinnerungsstücke, wenn man sie aus zu klein gewordenen Kleidungsstücken näht.

Figuren aus Comics, Büchern und Fernsehen spielen für Vorschulkinder eine wichtige Rolle. Um solche Präferenzen des Kindes in das sorgsam durchdachte Einrichtungsschema einzugliedern, könnte man beispielsweise spezielle Bettwäsche kaufen. Sie ist nicht sehr teuer, und wenn man sie eines Tages nicht mehr sehen mag, kann man sie immer unter einer Tagesdecke verstecken, die erst vor dem Schlafengehen abgenommen wird. Die gleiche »Versteckтехнik« gilt natürlich auch für das Motiv des liebsten Fußballvereins oder für verwegene Farbkombinationen, die nur Kinder schön finden können.

Wenn Ihr Kind abends einfach nicht ins Bett finden will, richten Sie eine feste Routine ein, etwa aus einem Bad, gefolgt von einer Gute-Nacht-Geschichte in gemütlicher Biber- oder Jerseybettwäsche. Solche weichen, behaglichen Stoffe haben auf Kinder und Erwachsene die gleiche Wirkung: man kuschelt sich gern hinein und das Einschlafen fällt viel leichter. Im Winter wird das Bett durch eine Wärmflasche in einem Bezug aus Fleece, Baumwollstoff, Kunstfell oder gestrickter Wolle noch einladender (siehe Seite 152–153).

Auch kleine Kindermöbel kann man mit Stoffen verzieren. Einfache Korbstühlchen oder Kindersofas sehen mit einem hübschen Stoffbezug mit passenden Borten, Knöpfen oder Rüschen reizend aus. Und die Stoffreste reichen immer noch für einige Zugbeutel. So entsteht zwar ein optischer Zusammenhang, aber nicht das Gefühl eines sklavisch durchgehaltenen Stils, der in einem Kinderzimmer auch deplatziert wirken würde. Als dezente optische Brücke eignen sich auch Applikationen – abgestimmt auf andere Stoffe im Raum – auf einem einfachen Baumwollteppich oder einem Rollo. Wandbehänge oder Quilts geben eine sehr persönliche Note. Patchwork-Decken könnte man mit Unterwassertieren, Dschungelbewohnern oder einfach den Buchstaben des Alphabets verzieren und mit Stoffschleifen, breiten Schlaufen oder Ösen befestigen. Selbst ein schlichter Utensilo aus Baumwollstoff kann mit dem Monogramm des Kindes oder mit aufgebügelten Motiven des Inhalts (siehe Seite 86–87) individuell gestaltet werden.

Schaumstoff-Blockmöbel sind großartig für Kinder bis zu zehn Jahren. Die leichten Elemente lassen sich problemlos bewegen und man kann sie neu beziehen, wenn sie beginnen schäbig auszusehen – was sich kaum vermeiden lässt. Solche Möbel kann man auch leicht selbst machen. Schwer entflammbaren Schaumstoff schneiden die meisten Polsterer nach Kundenmaßen zu, dazu müssen Sie nur noch einen Bezug (fest oder abnehmbar) in Ihrer gewünschten Farbe nähen. Taschen auf den Seiten sind praktisch für Bücher.

Nischen- und Erkerfenster bieten sich für den Einbau eines Fenstersitzes an, der zugleich als Stauraum dient. Passende Schaumstoffpolster kann man auf dem Deckel befestigen oder lose auflegen und mit einem interessanten Stoff beziehen. Dicke, runde Kissen an beiden Enden eignen sich als Rückenlehne und bilden zugleich eine optische Begrenzung.

OBEN Die meisten Kinder ziehen große Bodenkissen oder Sitzsäcke konventionellen Sitzmöbeln vor, weil man auf ihnen so schön lümmeln kann.

wink

LINKS Einfache, ungefütterte Vorhänge aus Vichykaro sehen frisch und unkompliziert aus – genau richtig für ein Kinderzimmer.

GEGENÜBER Der moderne Blumendruck lockert die grafischen Linien in diesem Kinderzimmer angenehm auf, während sich die sonstige Gestaltung konsequent auf zwei Farben beschränkt. Pink und Rot passen besonders gut in eine moderne Stadtwohnung.

FENSTERDEKORATIONEN

Als lustige, aber unaufdringliche Dekoration für kleine Zimmer eignen sich Vorhänge und Jalousien mit einfachen Streifen- oder Karomustern, verziert mit weißen Troddeln, glitzernden Perlen oder breiten Streifen. Im Zimmer eines älteren Kindes könnte man auch einen mit Worten oder Buchstaben bedruckten Stoff für Spring- oder Faltrollos verwenden und so das Lernen »nebenher« fördern. Ein Querbehang mit Zacken, vielleicht noch garniert mit Troddeln oder Knöpfen, wirkt grafisch und frisch, ein Gardinenbrett im gleichen Farbton wie die Wand dagegen macht sich fast unsichtbar. Bodenlange Vorhänge sind sinnvoll, wenn Sie einen Stoff wählen, dem das Kind nicht zu schnell entwächst. Andererseits kann man aus den langen Stoffbahnen später noch Kissen oder Jalousien für jüngere Geschwister nähen. Weil Kinder gern an Vorhängen ziehen, sollten Sie darauf achten, dass Stangen und Schienen sicher an der Wand oder Decke befestigt sind.

Auch die Fenster selbst können dekoriert werden. Mit buntem Transparentpapier lassen sich attraktive Kirchenfenster-Effekte zaubern (siehe auch Seite 102), während kleine Perlenschnüre das Licht schön reflektieren. Ältere Kinder mögen auch Jalousien aus Holz, Springrollos mit ausgeschnittenen Motiven oder schlichte Vorhänge, die sie selbst verzieren dürfen.

OBEN Eine ganze Wand voller Korkfliesen ist eine herrliche Pinnwand für Poster, eigene Bilder und Urkunden. Unlackierte Fliesen kann man in der Farbe der Wände oder in einer Kontrastfarbe streichen. Vor allem ältere Kinder wissen es zu schätzen, wenn ihnen eine ganze Wand zur freien Dekoration mit persönlichen Erinnerungsstücken zur Verfügung steht.

SCHNELLE VERWANDLUNGEN

Wenn ein Kinderzimmer nach einigen Jahren etwas abgenutzt aussieht, kann man es auch mit wenig Aufwand neu beleben.

Schon das Auswechseln von Bettwäsche und Vorhängen kann einen erheblichen Unterschied machen. Beziehen Sie vielleicht noch einige Aufbewahrungskisten mit einem zur Bettwäsche passenden Stoff und spendieren Sie einen darauf abgestimmten Lampenschirm. Sitzsäcke profitieren von einem neuen Bezug und einer frischen Füllung, die mit der Zeit zusammengedrückt wird. Tierfell-Drucke, einfarbiges Kunstfell oder Baumwollstoff mit applizierten Motiven kommt bei Kindern gut an. Ersetzen Sie alte Vorhänge durch ein leuchtendes Spring- oder Faltrollo und denken Sie über die Anschaffung eines neuen Läufers nach.

Auch eine Veränderung des Hintergrundes für die Möbel kann Wunder wirken. Der Wechsel von neutralen Wänden zu einer gewagten Farbe ist ebenso effektiv wie der umgekehrte Weg. Wenn sich Ihr Kind nicht für die Lieblingsfarbe der Woche entscheiden kann, streichen Sie nur eine Wand in einem mutigen Ton. Interessant sieht eine Metallicfarbe aus, alternativ könnten Sie eine Hälfte mit magnetischer und die andere mit Tafelfarbe streichen.

Haben Sie früher einmal ein Komplett-Set Kinderzimmermöbel gekauft, das nicht mehr modern ist, könnten Sie jedes Stück anders streichen. Größere Kinder lieben auch Kommoden mit unterschiedlichen Schubladenfronten und sie haben Freude daran, an der Auswahl der Farben beteiligt zu werden. Eine Alternative wäre, alle Möbel weiß zu streichen und die Spielsachen in durchsichtigen Behältnissen aufzubewahren. Möbel aus dem Babyzimmer, die mit Motiven bemalt waren, kann man für ein älteres Kind abschleifen, neu streichen und klar überlackieren.

Es gibt mehrere Phasen im Leben eines Kindes, in denen man über die Anschaffung eines neuen Bettes nachdenkt, etwa wenn aus dem Baby ein Krabbelkind wird. Oft gibt dieser Kauf den Impuls für eine Renovierung des Zimmers, weil das Bett den Blickfang des Raums bildet. Aber auch indem man das Bett streicht und neue Bettwäsche kauft oder näht oder vielleicht eine neue Tagesdecke kauft, lässt sich viel erreichen. Alternativ könnten Sie statt des Holzbettes ein Metallbett anschaffen, ein Moskitonetz oder einen Stoffhimmel anbringen, um den Stil des Zimmers zu verändern und »erwachsener« wirken zu lassen. Einfache Betten aus unbehandeltem Holz sind schnell gestrichen und kosten nicht viel.

RECHTS Ein frischer Anstrich, neue Schubladengriffe und witzige Seile als Griffe der Bettschublade können ausreichen, um ältere Möbel aufzupeppen. Aus einer Musseline-Bahn ist im Nu ein Himmel für das Bett gezaubert.

WELTRAUM-ZIMMER

Der Weltraum ist für phantasievolle Jungen und Mädchen gleichermaßen faszinierend. Für die Gestaltung eines Zimmers ist eine Galaxie mit Planeten, Raketen und Meteoren in verschiedenen Farben und Texturen ein unwiderstehliches Thema. Dieses Nachthimmel-Zimmer ist tagsüber anregend und nachts beruhigend – das bewirken die Spezialeffekte wie glitzernder »Sternenstaub« und nachtleuchtende Farbe.

OBEN In der Unendlichkeit des Alls verlieren sich Raumschiffe und Planeten, vorgezeichnet und von Hand mit Latexfarben in verschiedenen Tönen ausgemalt.

Der sechsjährige Gus ist der stolze Besitzer dieses Weltraumzimmers, um das ihn alle seine Freunde beneiden. Das beliebte Thema überholt sich nicht so schnell und wird Gus noch einige Jahre begleiten. Und mag er es nicht mehr leiden, ist es schnell übermalt. Auch die vorhandenen Möbel lassen sich leicht einem anderen Thema anpassen.

Gus' Mutter Rachel beauftragte die Inneneinrichterin Nikola Ward mit der Gestaltung eines »Weltraumzimmers« und ließ ihr dabei weitgehend freie Hand.

Zuerst strich Nikola die Decke dunkelblau wie den Nachthimmel. In einer Ecke des Raums wurde die Kontur der Erdkrümmung eingezeichnet und mit einer Linie in Glitzerfarbe nachgezogen. Überzeugend wirkt der Nachthimmel durch die Verwendung von nachtleuchtender Farbe für Details von Planeten, Raumschiffen und Meteoren.

LINKS In der Mitte des Raums steht der Schreibtisch mit integrierter Pinnwand und Regal. Durch den Blick auf die Galaxie wirkt er wie die Kommandozentrale eines Raumschiffs. Das Schreibmaterial für Missionsberichte ist stets zur Hand. Selbst die Nachttischlampe sieht aus wie ein Ufo.

OBEN Gus lässt die Beine aus dem oberen Bett baumeln und den Blick ins All schweifen. Freunde reißen sich darum, in diesem Zimmer zu übernachten. Mit dem Etagenbett ist immer ein Gästeschlafplatz parat.

Planeten, fremde Raumschiffe und andere Weltraumelemente zeichnete Nikola aus Büchern ab, vergrößerte sie und zeichnete die Konturen an der Wand vor. Dann wurden die Motive mit speziellen Kinderzimmer-Farben für Weltraumeffekte ausgemalt.

Ähnliche Effekte könnte man auch mit gekauften oder selbst geschnittenen Schablonen erzielen. Glaubwürdiger sieht es aber aus, wenn man Details aus freier Hand einfügt. Die fremden Raumschiffe scheinen mit Lichtgeschwindigkeit auf einer festen Umlaufbahn die Erde zu umkreisen. Die winzigen Besatzungsmitglieder in den Glaskanzeln sind gerade noch zu erkennen.

Wird ein Zimmer konsequent zu einem Thema gestaltet, macht es Spaß, auch die Stauraumlösungen darauf abzustimmen. Das Etagenbett wurde mit Silberfarbe angesprüht und sieht wie ein High-Tech-Möbel aus. Der Kleiderschrank, ursprünglich ein simples Einbaumodell aus MDF-

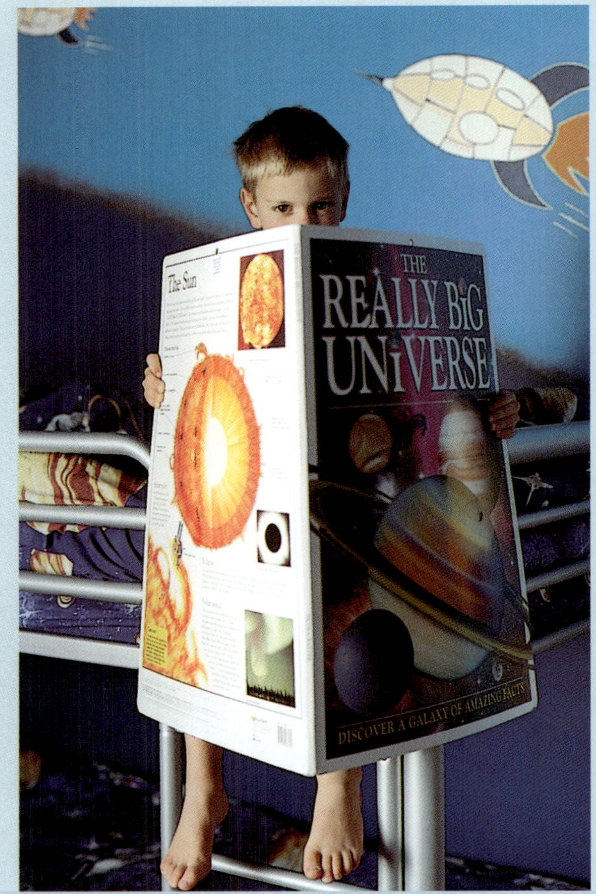

OBEN Gus kann nicht genug über die Planeten lesen. Selbst seine Bettwäsche ist dem Thema angepasst und gut auf das Nachtblau der Wände und Decke abgestimmt.

RECHTS Der praktische Kleiderschrank ist mit geringen Mitteln in eine Reihe nüchterner Spinde verwandelt worden. An den Türen stehen die Namen berühmter Astronauten – so wird das Aussuchen der Kleidung jeden Morgen zu einem Abenteuer.

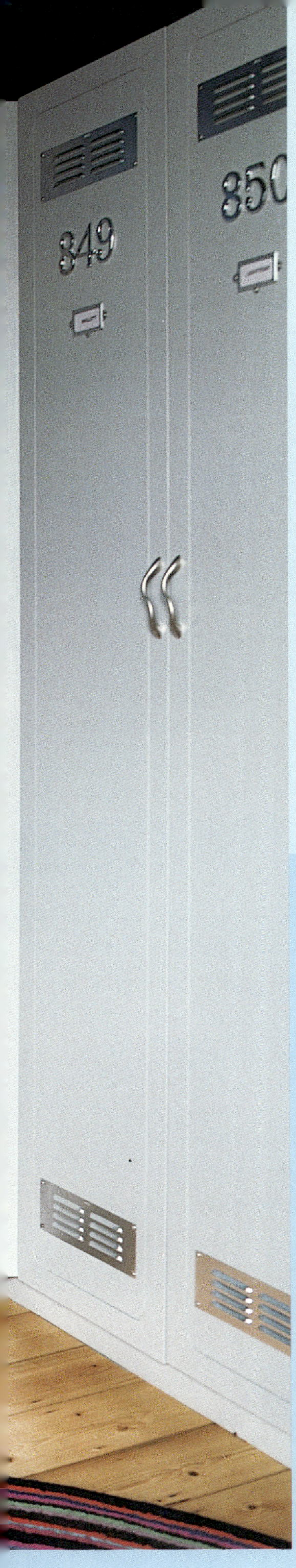

LINKS Eine etwas ungünstige Zimmerecke wurde durch ein praktisches Eckregal zum Aufbewahrungsplatz für Bücher und große Spielzeuge. Außerdem ist auch ein unansehnlicher Heizkörper dahinter versteckt, sodass der tote Winkel unter den Fenstern bestens genutzt ist.

Platten, wurde mit wenig Aufwand in eine Reihe cooler Spinde verwandelt. Schmale Nuten mit abgerundeten Ecken markieren die Türen. Der Clou sind aber die silbern angesprühten Kunststoff-Lüftungsgitter, die Nummern und die kleinen Schilderhalter auf den Türen. Auf den Schildchen stehen die Namen berühmter Astronauten wie Buzz Aldrin, Buzz Lightyear und natürlich Gus. Im Inneren der Schränke befinden sich verstellbare Stangen, die einfach höher gehängt werden, wenn Gus wächst, sowie tiefe Schubladen für Kleidung und Spielzeug und Regale für große Spiele.

Moderne Möbel passen gut zum Thema. Der kleine Schreibtisch mit dem verstellbaren Regal und der Kunststoffwürfel mit den Mondmobil-Beinen, der als Nachttisch dient, bilden den Blickfang im Raum. Gefäße für Stifte und andere Utensilien sind in die senkrechte Stirnwand des Schreibtisches eingehängt und sorgen für Ordnung. Und auf dem Nachttisch steht eine Lampe, die wie ein Ufo aussieht.

Ein kreisrunder, bunter Teppich macht den Boden aus geschliffenen Dielen gemütlicher und erinnert an die Ringe des Saturn. Fuß- und Deckenleisten, Tür- und Fensterrahmen sind silbergrau gestrichen, passend zu dem silbernen Bett, den sachlichen Spind-Schränken und dem halbhohen Regal in der Ecke. Rachel hat diese stabilen Regale aus MDF-Platten mit robusten Trägern einbauen lassen, damit Gus einen festen Platz für häufig benutzte Spielsachen hat. Die Regaleinheit hat eine abgerundete Deckplatte und ist in dem gleichen Grauton gestrichen wie alle Holzelemente im Raum.

PROJEKT

Beleuchtetes Karussell

Das hübsche Karussell aus Filz und einer Lichterkette ist ein ebenso dekorativer wie funktionaler Wandschmuck für das Babyzimmer.

Das Karussell ist schnell zusammengesetzt und die Farben des Filzes lassen sich leicht auf die Farbgestaltung des Kinderzimmers abstimmen. Statt der Tiere könnte man auch Clowns, balancierende Seehunde, Fahrzeuge oder Musikinstrumente aufkleben. Mit der gleichen Technik lassen sich auch andere Bilder gestalten, etwa ein Leuchtturm, ein Raumschiff, ein Feenbaum oder ein altmodischer Zirkus. Alle Materialien sind leicht zu bekommen. Farbigen Filz und dicke Pappe gibt es im Bastelgeschäft, Lichterketten im Lampenfachhandel und im Kaufhaus.

MATERIAL UND WERKZEUG

❉ Bleistift ❉ feste Pappe ❉ Cutter ❉ Lineal ❉ Filz in verschiedenen Farben ❉ Schwarzer Filzstift ❉ Scharfe Schere ❉ Textilkleber ❉ Nadel und schwarzes Garn ❉ Lichterkette ❉ Handbohrer ❉ Malerkrepp

1 Mit dem Bleistift den Umriss des Karussells auf die Pappe zeichnen und mit dem Cutter am Lineal entlang ausschneiden. Die Konturen der Karussell-Teile (Sockel, Dach und Mittelteil) mit schwarzem Filzstift auf den Filz zeichnen. Sie sollen an den Außenkanten etwa 2,5 Zentimeter größer als die Pappbasis sein. Den Filz mit der Schere ausschneiden, mit Textilkleber aufkleben und die überstehenden Ränder zur Rückseite umschlagen. Ebenfalls festkleben und trocknen lassen.

2 Die Details für das Karussell ausschneiden: mittlere Säule und schmale Streifen, blaue Wellenkante, Palmen und kleine Kreise in zwei Farben für die Verzierung des Daches. Alle Teile aufkleben.

3 Die Vorlagen für Elefant und Giraffe (siehe Seite 183) mit dem Fotokopierer auf das gewünschte Maß vergrößern. Die Tiere aus dem Papier ausschneiden und als Schablonen zum Zuschneiden des Filzes verwenden. Details wie Auge und Ohrkontur mit schwarzem Garn aufsticken. Die Fußnägel des Elefanten aus weißem Filz aufkleben. Damit die Tiere dreidimensional aussehen, aus andersfarbigem Filz jeweils etwas größere Konturen ausschneiden. Zeichnen Sie alle Linien auf der Rückseite des Filzes vor, damit auf der Vorderseite keine Linien zu sehen sind. Das größere Filztier hinter das kleinere kleben. Auf die Rückseite jedes Tiers als Versteifung kleine Stücke Pappe kleben, dann die Tiere auf das Karussell kleben.

Die Positionen der Lämpchen auf dem Karussell anzeichnen und die entsprechenden Löcher mit einem Handbohrer vorsichtig vorbohren. Die Glühbirnen behutsam von hinten durch die Löcher schieben. Überschüssiges Kabel und nicht verwendete Lämpchen mit Malerkrepp auf der Rückseite des Wandbildes befestigen.

OBEN Die Tiere wirken dreidimensional, weil sie aus zwei Lagen Filz leicht unterschiedlicher Größe bestehen und kleine Stücke Pappe sie etwas vom Karussell anheben.

PROJEKT

FLEECE-Decke

Diese farbenprächtige Fleece-Decke hat an der Seite praktische Taschen, in denen das Lieblingsbuch, der Teddy und die Taschenlampe Platz finden.

Wer die Tagesdecke für das Kinderzimmer selbst näht, kann die Farben perfekt auf die Einrichtung abstimmen – mit kunterbunten Streifen wie hier etwas ruhiger und edler in nur zwei Farben. Die Decke spendet Nachts bei Bedarf zusätzlich Wärme, bei Tag kann man gemütlich auf ihr sitzen.

MATERIAL UND WERKZEUG

❄ Maßband ❄ Fleece in Violett, Blau, Orange, Rot und Pink ❄ 2 Schraubzwingen oder Tischtuch-Klemmen ❄ Schere ❄ Stecknadeln und Nähnadel ❄ Nähmaschine und Garn ❄ Stickgarn und Sticknadel

1 Zuerst den Stoffbedarf für die gesamte Decke ausmessen. Hier wurden von jeder Farbe 45 Zentimeter verarbeitet, zusätzlich 4 Meter einfarbiger Fleece für die einfarbige Rückseite. Steht das Bett an einer Wand, brauchen Sie nur von der hinteren Unterkante der Matratze bis 7,5 Zentimeter über dem Boden zu messen. Rechnen Sie noch den Bedarf für die Taschen sowie rundherum eine Zugabe von fünf Zentimeter an den Längsseiten der Streifen und einen Zentimeter an den Schmalseiten für Nähte und Säume hinzu.

Um den Stoff exakt gerade zuzuschneiden, legen Sie jede Farbe einzeln auf einen Tisch und klammern ihn mit Zwingen oder Klemmen fest. Dann exakt an der Tischkante entlang schneiden und die Schmalseiten der Streifen genau rechtwinklig abschneiden.

2 Wenn alle Streifen zugeschnitten sind, die Längsseiten jeweils rechts auf rechts zusammenstecken und einen Zentimeter neben der Schnittkante mit der Maschine zusammensteppen.

3 Die Taschen mit rundum einem Zentimeter Zugabe zuschneiden. Die Oberkante umschlagen und mit Stickgarn in einer Kontrastfarbe in Languettenstichen umsticken. Dann die Taschenkanten umschlagen, auf die Decke stecken und mit Steppstichen von Hand aufnähen.

4 Für die Rückseite ein Stück Fleece in der Größe der gesamten Decke zuzüglich rundum einen Zentimeter Nahtzugabe zuschneiden. Streifenseite und Rückseite rechts auf rechts kantenbündig aufeinanderlegen, stecken und einen Zentimeter neben der Schnittkante absteppen. Ein 45 Zentimeter langes Stück Naht zum Wenden der Decke offen lassen. Die Decke durch diese Öffnung wenden, die Schnittkanten der Öffnung einschlagen und von Hand schließen.

PROJEKT

BEMALTE TELLER

Kinder und Erwachsene haben gleichermaßen Spaß daran, bunte Teller zu bemalen, die dann stolz auf dem Kaminsims präsentiert werden.

GANZ OBEN Wenn das Motiv mithilfe der Folienschablone übertragen und der Hintergrund mit dem Pinsel ausgemalt ist, werden Details mit dem Stift zugefügt.

OBEN Der Rand wird in einer Kontrastfarbe angemalt, dann werden Muster mit einem Wattestäbchen wieder abgewischt – einfach, aber wirkungsvoll.

Das Bemalen von Geschirr mit lösemittelfreien Keramikfarben ist derzeit der Renner auf Kinderpartys. Damit das Ergebnis von Dauer ist, befolgen Sie genau die Herstelleranweisungen. Weil Ofentemperaturen aber manchmal schwanken, können einige Versuche nötig sein, ehe ein Meisterwerk entsteht. Die Farben sind zwar ungiftig und spülmaschinenfest, man sollte sie dennoch nicht täglich benutzen, weil sich die Bemalung allmählich abnutzt. Wir geben hier eine Anleitung anhand des Krokodil-Tellers. Wer die Technik beherrscht, kann natürlich auch andere Motive gestalten.

MATERIAL UND WERKZEUG

❋ Glasierter, weißer Teller ❋ Terpentinersatz oder heißes Seifenwasser ❋ Klebefolie ❋ Weicher Bleistift ❋ Schere ❋ Schwamm, in kleine Stücke geschnitten ❋ Keramikfarben auf Wasserbasis ❋ Keramikfliese oder -teller (als Palette) ❋ Stecknadel ❋ Wattestäbchen ❋ Schwarzer Keramikfilzstift ❋ Pinsel ❋ Backofen ❋ Küchenrolle (zum Abwischen von Pinseln und Klecksen)

1 Den Teller mit Terpentinersatz oder heißem Seifenwasser gründlich säubern. Er muss fettfrei sein. Das gewünschte Motiv mit Bleistift auf die Klebefolie übertragen (Schablonen für Krokodil und Blätter, Krabbe und Muscheln, große und kleine Fische auf Seite 181). Das Motiv mit der Schere ausschneiden, das Trägerpapier abziehen und das Motiv in die Mitte des Tellers kleben.

TIPP
Ehe Sie beginnen, tragen Sie alle Materialien zusammen und decken den Tisch mit einer wasserfesten Tischdecke ab. Dann ist größeren Katastrophen vorgebeugt und der Spaß kann beginnen.

2 Mit einem Stückchen Schwamm gelbe Keramikfarbe auf den Teller und über den Rand der Folie tupfen. Diese Negativ-Schablonen-Technik eignet sich gut für alle einfachen oder wiederholten Motive. Eine Keramikfliese oder ein alter Teller wird als Palette zum Mischen benutzt.

3 Ehe die Farbe ganz trocken ist, die Folienschablone mit einer Stecknadel abnehmen. Farbe, die unter den Rand gelaufen ist, mit einem Wattestäbchen abnehmen. Die Farbe trocknen lassen.

4 Die Konturen mit einem weichen Bleistift nachziehen und dann mit einem schwarzen Keramikfilzstift übermalen. Mit diesem Stiften kann man auch feine Details wie Augen, Punkte oder geometrische Formen einzeichnen.

5

TIPP

Fangen Sie mit einem einfachen Motiv – entweder einem großen oder mehreren kleinen gleicher Art – an, bis Ihr Kind mit der Technik vertraut ist. Besonderen Spaß macht das Entwerfen der Details, etwa der Schuppen von Fischen oder der Zähne und Füße des Krokodils.

6

5 Mit einem Pinsel oder Wattestäbchen jetzt den Krokodilkörper vorsichtig grün anmalen.

6 Mit einem Stück Schwamm blaue Farbe auf den Rand tupfen. Solange die Farbe noch nass ist, mit einem Wattestäbchen Wellen hineinzeichnen. Diese Technik eignet sich gut, um kleine weiße Muster in einer farbigen Fläche zu gestalten.

Den Teller mindestens 24 Stunden trocknen lassen. Wenn die Farbe ganz trocken ist, in den kalten Ofen stellen und die Temperatur auf 150° C einstellen. Ist die Temperatur erreicht, 35 Minuten brennen. Den Ofen abschalten und den Teller im Ofen abkühlen lassen. Nach dem Trocknen und Brennen sollte die Farbe spülmaschinenfest sein, sofern Sie die Herstelleranweisung befolgt haben.

PROJEKT

FEEN-WANDBILD

Ein Wandbild belebt jedes Kinderzimmer. Kleine Mädchen werden von dieser zauberhaften Fee in Rosa begeistert sein, Jungen werden eher einen Fußballspieler vorziehen.

»Die Farbe ist egal, Hauptsache, es ist rosa!« Diesem Mantra können sich Eltern von Mädchen zwischen drei und sieben kaum entziehen. Gehen Sie auf diese Begeisterung ein, indem Sie in eine Ecke ein Wandbild malen. So muss nicht das ganze Zimmer renoviert werden, wenn die rosa Phase vorüber ist.

Auf Seite 182 sehen Sie, wie das Motiv schrittweise aufgebaut wird. Sofern Sie keine winzige Fee malen wollen, sollten sie die Konturen aus freier Hand mit einem harten Bleistift aus mehreren Kreisen entwickeln. Flitter, Perlen und kleine Spiegelpailletten können nach Belieben zur Verzierung eingesetzt werden, Sie könnten auch magnetische Farbe verwenden. Wenn Sie sie beispielsweise unter dem rosa Kleid auftragen, können Sie Spiegelmagneten und andere kleine Formen aufsetzen und so das Muster des Kleides nach Belieben verändern.

MATERIAL UND WERKZEUG

❉ Latexfarbe in Mauve, Weiß, Pink, Hautfarbe, Gelb, Gold und Blau ❉ Tapetenkleister ❉ 10 Zentimeter breiter Pinsel für die Fläche ❉ 2,5 Zentimeter breiter Pinsel für kleinere Flächen ❉ Rundpinsel, Flachpinsel und feiner Künstlerpinsel für Details ❉ Harter Bleistift ❉ Rosa-Weißliche Perlglanzlasur ❉ Farbige Filzstifte für Nase, Mund und Sommersprossen ❉ Weicher Lappen ❉ Moosgummi in Rosa und Flieder ❉ Sperrholzsterne ❉ Sprühlack Silbermetallic ❉ Silberflitter ❉ Schnell trocknender Klebstoff ❉ Glitzernde Pfeifenreiniger ❉ Perlen, Pailletten, Spiegelpailletten

LINKS Das lieben kleine Mädchen: sich als Fee zu verkleiden – mit rosa Tüllrock und Zauberstab.

RECHTS Die Fee an der Wand ist ein bezaubernder Anblick, vor allem wenn in der Dämmerung die Spiegeldekorationen zu funkeln beginnen.

1 Zuerst Latexfarbe (Mauve) im Verhältnis 1:1 mit angerührtem Tapetenkleister vermischen und mit dem 10-cm-Pinsel kreuz und quer auf der Wand verstreichen. Der Anstrich soll leicht scheckig aussehen. Nach dem Trocknen die Kontur der Fee mit Bleistift aufmalen und mit dem 2,5-cm-Pinsel mit weißer Latexfarbe ausmalen.

2 Mit dem 2,5-cm-Pinsel die Flügel mit Perlglanzlasur streichen und, solange diese noch feucht ist, den Flitter dagegen pusten. Dabei Möbel und Fußboden vorsichtshalber großzügig abdecken. Das Kleid in leuchtendem Pink ausmalen, Gesicht, Arme und Beine in Hautfarbe.

3 Die Haare gelb anmalen. Die Krone und die Schuhe vorzeichnen und mit Goldfarbe ausmalen. Augen, Nase, Mund und Sommersprossen mit Bleistift vorzeichnen, dann die Linien mit Filzstift nachziehen. Den Mund weiß ausmalen, die feuchte Farbe aber mit einem feuchten Tuch abtupfen, damit sie nicht zu grell wirkt.

4 Für den Hintergrund aus Moosgummi Sterne in verschiedenen Größen ausschneiden, dazu die Sperrholzsterne als Schablonen verwenden. Beide Materialien sind im Bastelhandel zu bekommen. Die Sterne mit Perlglanzfarbe betupfen und sofort mit irisierendem Flitter bestreuen.

5 Die Holzsterne silbern ansprühen und sofort mit silbernem Flitter bestreuen. Alle Sterne mit Klebstoff auf der Wand befestigen. Bedenken Sie, dass beim späteren Abnehmen der Sterne Verputz oder Tapete beschädigt werden können.

6 Für die Augen blaue Farbe mit einem weichen Lappen auftupfen. Die glitzernden Pfeifenreiniger (ebenfalls aus dem Bastelgeschäft) zusammendrehen, zu einem Zauberstab formen und festkleben. Die Konturen der Blüten auf dem Kleid mit Bleistift vorzeichnen, dann gelb ausmalen. In die Mitte jeder Blüte eine Spiegelpaillette kleben. Krone, Kleid und Schuhe mit glitzerndem Zubehör wie Perlen und Pailletten verzieren.

OBEN Es sieht aus, als würde die fertige Fee an der Wand tanzen. Das liegt an den dreidimensionalen Accessoires und den reflektierenden Oberflächen. Für einen Jungen könnten Sie statt dessen ein Weltraumthema wählen (siehe Seite 114–117) oder einen Fußballer in Trikot mit einem glänzenden Fußball malen

Gesund wohnen

WAS IST GESUNDES WOHNEN?

Eine ökologisch bewusste Grundeinstellung zum Leben hat viele Vorzüge, vor allem, wenn es um Kinder geht. Es macht Sinn, Kindern den Wert eines einfachen, aber guten Lebens zu vermitteln, ihnen die Liebe zur Natur nahe zu bringen, Recyclinggewohnheiten einzuüben, eine Vorliebe für Naturmaterialien zu initiieren, die Bedeutung des Naturschutzes zu erläutern und insgesamt den Respekt für die Umwelt zu fördern.

Eine ganzheitliche Einstellung beinhaltet auch die Wertschätzung hochwertiger Materialien statt Wegwerfprodukten, der ruhigen Ordnung statt technologischer Überfrachtung sowie eines weniger hektischen Lebensstils. Verwendet man Naturmaterialien, etwa organische Farben, reduziert man das Risiko, dass Kinder Asthma oder Allergien entwickeln. Und das Wiederverwenden von Möbeln und Stoffen spart Energie und ganz einfach auch Geld. Viele Eltern machen sich Gedanken über Nahrungszusätze und genmanipuliertes Gemüse, ihre Kinder lernen schon in frühem Alter eine organische Ernährung kennen.

So ein konsequenter Ansatz muss die Auswahl und damit die Lebensqualität nicht einschränken. Organische Lebensmittel sind, ebenso wie Farben, Stoffe und Recyclingmethoden, heute gängig. Kinder neigen ohnehin von Natur aus zum Recycling, denn sie können viele aussortierte Dingen spontan zum Spielen gebrauchen. Der traditionelle Kreislauf aus Wachstum, Verbrauch und Wiederverwertung etabliert sich langsam wieder, darum ist es wahrscheinlich, dass für folgende Generationen technologische und ökologische Aspekte gleichermaßen von Bedeutung sind.

RECHTS Perfekte Symmetrie und Platz zum Schlafen für vier Kinder wurde in diesem rustikalen Zimmer durch zwei Etagenbetten geschaffen, unter denen Schubladen eingebaut sind. Naturfarben herrschen vor, nur die Vertäfelung ist mit einer hellblauen Lasur gestrichen.

OBEN Bettwäsche aus Naturleinen, verziert mit Applikationen von einem schwarzweißen Toile de Jouy-Stoff wirkt in dem alten, frisch gestrichenen Eisenbett sehr edel. Verwenden Sie zum Renovieren alter Möbel biologische Farben und denken Sie daran, dass Babys nicht auf Kissen schlafen sollten.

GEGENÜBER In dieser Wohnung in einem alten Industriegebäude wurde aus Holzkisten und Paletten mit gestrichenen Sperrholzeinsätzen eine Spielplattform gebaut. Vom Arbeitsbereich aus ist die Plattform gut einzusehen, sodass der Blickkontakt zwischen dem Kind und dem Elternteil am Schreibtisch stets gewährleistet ist.

DER RICHTIGE WEG

Überlegen Sie zweimal, ehe Sie etwas neu kaufen. Renovieren Sie lieber Second-Hand-Möbel und bewahren Sie sie auf, falls Sie später weitere Kinder haben möchten. Es ist erstaunlich, was ein wenig Farbe bewirken kann. Bewahren Sie andererseits nichts auf, von dem Sie wissen, dass Sie es nie wieder benutzen werden. Gut erhaltene Gebrauchtmöbel finden über Kleinanzeigen oder Kinder-Second-Hand-Läden immer einen dankbaren Abnehmer. Preiswerter Stauraum lässt sich aus gestrichenen Obststeigen, geschliffenen Teekisten oder großen (von Etiketten befreiten) Dosen improvisieren. Und ein Bücherregal bauen Sie schnell aus Mauersteinen und Holzbrettern. Damit sich kein Staub von den Steinen abreibt, sollten Sie sie aber lackieren. Beteiligen Sie Ihre Kinder auch an der wöchentlichen Routine, Papier und Glas zum Container zu bringen.

Wenn es um Spielzeug geht, kann man Kinder mit großen Kartons glücklich machen. Manch teures High-Tech-Spielzeug wurde schon schmählich beiseite geschoben, weil die Verpackung viel interessanter war. Aus Kartons lässt sich vieles basteln. Zu den Favoriten gehören wuchtige Lastwagen mit Zwillingsreifen aus leeren Getränkedosen und natürlich der unverwüstliche Go-Cart. Selbst ein simpler Karton ohne jede Dekoration taugt für viele Stunden Spiel.

Auch aus anderen Dingen, die in Erwachsenenaugen nicht viel Wert zu haben scheinen, lässt sich allerlei machen: Luftblasenfolie, Eierkartons oder Saftkartons beflügeln die kindliche Fantasie. Das Basteln mit diesen Reststoffen macht nicht nur Spaß, es ist auch lehrreich – ob Burg, Puppenhaus oder Rakete.

Kinder haben auch eine natürliche Sympathie für die Natur. Sie beobachten gern kleine Tiere, den Wechsel der Jahreszeiten und spielen gern draußen. Um diese Neigung zu unterstützen, könnte man mit ihnen gemeinsam Gemüse oder Blumen ziehen.

ÖKOLOGISCH EINRICHTEN

Kinderzimmer, die nur mit Naturmaterialien gestaltet und eingerichtet sind, wirken vielseitiger und auf ruhige Weise edler als die typischen Kinderzimmer in kunterbunten Farben. Abgesehen davon kommen in so einem Rahmen auch selbst gemalte Bilder und andere bunte Schätze der Kinder besser zur Geltung.

Die sanften, beruhigenden Töne von Naturholz, die ruhige Palette der neutralen Farben und die variantenreichen Texturen von Baumwolle, Leinen und Hanf vermitteln eine friedliche, entspannte Atmosphäre. Stein, Terrakotta und Massivholz altern im Wohnbereich sehr schön und verkraften die gelegentlichen Stöße und Knüffe durch Kinder viel würdiger als Spanplatte, Laminat und Nylonteppiche. Manchmal gibt es auch praktische Gründe, einen ökologischen Ansatz zu wählen. Staubmilben können Allergien auslösen oder verschlimmern, darum sollte man dekorativen Krimskrams, Teppiche und schwere Möbelstoffe lieber vermeiden und sich für klare, leicht zu reinigende Räume entscheiden.

Zwar sind moderne Dekorations- und Reinigungsmaterialien praktisch und vordergründig auch preiswerter, ihre toxischen Eigenschaften sind jedoch oft nicht hinlänglich bekannt. Viele Leute meinen, dass organische Farben nur in dunklen, erdigen Farben zu erhalten sind. Durch moderne Produktionsmethoden und Versuche mit Naturpigmenten ist das Spektrum jedoch verblüffend groß.

Organische Farben unterscheiden sich auf verschiedene Weise von anderen Produkten. Ihre natürlichen Zutaten wie Zitrusöle, Leinöl oder Kalk lassen die Wände »atmen«, sodass Staubpartikel nicht an ihnen abprallen und im Raum umherschweben. Weil sie porös sind, trocknen sie aber langsamer als herkömmliche Farben und sind empfindlicher für Flecken. Mit einer schützenden Schicht aus Mattlack auf Wasserbasis werden diese Flächen abwaschbar, was im Kinderzimmer von Vorteil ist.

BORIS

Organische Farben sind etwas teuer und halten weniger lang als konventionelle Produkte. Wenn aber billige Farben das Asthma eines Kindes verschlimmern, spielen Bequemlichkeit und Preis eine untergeordnete Rolle. Auch lösemittelhaltige Farben sind schädlich für Umwelt und Gesundheit. Hochglänzende und seidenglänzende Lackfarben sind am schlimmsten, sie können bei sensiblen Menschen Atembeschwerden, Asthma und Kopfschmerzen auslösen. Wer auf solche Produkte gar nicht verzichten kann, sollte wenigstens die weniger toxischen Alternativen auf Wasserbasis verwenden. Der Lösemittelgehalt einer Farbe wird in VOC (volatile organic compound) angegeben und reicht von minimal (0–0,29 Prozent) über gering (0,3–7,99 Prozent), mittel (8–24,99 Prozent) bis hoch (25–50 Prozent) und sehr hoch (über 50 Prozent). Man sollte auch bedenken, dass im Herstellungsprozess konventioneller Farben 90 Prozent Abfallstoffe entstehen – weit mehr als bei organischen Farben.

Heutzutage sind alle Farben bleifrei, lediglich bei Heizkörperfarben sollte man vorsichtshalber auf dem Etikett nachsehen. Wenn Sie aber Farben abbeizen oder abschleifen, die schon zehn oder mehr Jahre alt sind, laufen Sie Gefahr, sich und Ihre Umwelt gefährlichen Bleispuren auszusetzen. Tragen Sie immer eine Atemschutzmaske und sorgen sie für maximale Lüftung. Wer schwanger ist, sollte solche Arbeiten ganz unterlassen. Die giftigsten konventionellen Farben sind die Produkte, mit denen man normalerweise Fußleisten, Türen oder Möbel streicht. Streng ökologisch bewusste Inneneinrichter meiden alle lösemittelhaltigen Produkte und behandeln Leisten, Rahmen und Türen mit Bienenwachs oder gar nicht.

Die meisten organischen Farben haben etwas andere Verarbeitungseigenschaften als konventionelle, darum sollte man mit Testdöschen auf den geplanten Flächen experimentieren, ehe man ein größeres Projekt in Angriff nimmt. Organische Farben eignen sich vor allem für sanfte, lässig aufgetragene Lasuren. Sie sehen weniger streng und elegant aus als gleichmäßig matt gestrichene Flächen. Die sanften Farbtöne wie Kiesel, Schiefer, Farn oder Veilchen wirken verträumt und harmonieren gut mit Möbeln und Spielzeugen aus Holz und mit natürlichen, strukturierten Stoffen.

Wenn Sie entschieden haben, wie ökologisch Sie in Bezug auf Ihre Farben sein wollen, sollten Sie den Raum einige Tage lang durchtrocknen lassen, ehe die Möbel hineingestellt werden und das Kind darin schlafen darf. Hängen Sie als letzten Pfiff eine Lichterkette hoch an die Wand, die dem Raum ein warmes Leuchten verleiht.

OBEN Renovierte Möbel sind ebenso schön wie umweltfreundlich, vor allem, wenn sie mit organischen Farben in natürlichen Tönen gestrichen werden. Als Bodenbelag ist Sisal oder Seegras sehr gut geeignet.

GEGENÜBER Baut man Kindermöbel aus Recyclingholz, regt man das Umweltbewusstsein einer Generation an, für die solche Fragen hohe gesellschaftliche Bedeutung haben werden. Holz in Kombination mit sanften Farben wirkt immer attraktiv.

OBEN Mit einem Schaumstoffpolster mit Stoffbezug wird ein gewöhnlicher Stuhl zum Kinder-Hochstuhl. Dieser Einsatz passt viel besser zu den Esszimmermöbeln als die gängigen Modelle aus kunterbuntem Plastik.

ORGANISCHE TEXTILIEN

Kinder und organische Stoffe haben eine natürliche Affinität zueinander. Wir wickeln ein Neugeborenes in einen wollenen Schal, decken es mit einem Patchwork-Quilt aus zu klein gewordenen Babykleidern zu und hängen knubbeliges Leinen an die Fenster – alles Textilien, die Behaglichkeit schaffen.

Baumwolle gilt zwar als Naturstoff, doch werden die Pflanzen oft mit aggressiven Pestiziden behandelt. Baumwolle aus organischem Anbau hingegen wird ohne Pestizide angebaut und nicht gebleicht. Dadurch eignet sie sich besonders gut für Babykleidung, was inzwischen auch viele Hersteller begriffen haben. Auch als Kissenfüllung bewährt sie sich gut (siehe Seite 150–151). Es gibt auch organische Baumwolle in Weiß, die ohne Einsatz von gefährlichen Chlorprodukten gebleicht ist. Selbst konventionelle Baumwolle fühlt sich auf der Haut viel besser an als Synthetiks, weil sie die Feuchtigkeit der Haut verdunsten lässt. Weil sie sich gut waschen und färben lässt, eignet sie sich auch bestens für Vorhänge und Bezüge.

Weißes Leinen ist teuer und darum im Kinderzimmer selten zu finden. Ein zartes Kissen oder Bodenkissen ist ein echter Luxus, der Respekt verlangt. Leinen wächst schneller als Baumwolle und ist daher generell weniger mit Pestiziden belastet. Es lässt sich gut waschen, ist sehr haltbar und fühlt sich großartig an. Wegen seiner natürlichen Eleganz eignet es sich besonders gut für edle Vorhänge oder Tagesdecken.

Wolle wird gelegentlich mit aggressiven Chemikalien gefärbt, generell ist sie aber für Kleider, Decken und Spielzeuge bedenkenlos zu verwenden. Fleece ist als Kleidung oder Bettdecke in vielen Haushalten zu finden und alle Kinder mögen seinen weichen Griff. Die wenigsten Menschen machen sich aber bewusst, dass Fleece ein Recyclingprodukt aus Plastikflaschen ist und so eine Brücke zwischen Behaglichkeit und Umweltbewusstsein schlägt.

In kalten Nächten ist die angenehme Wärme einer Wärmflasche im handgestrickten Bezug ein besonderes Geschenk für den guten Schlaf (siehe Seite 152–153). Baumwolle und Wolle sind gleichermaßen geeignet, Wolle wird aber in viel mehr Farbtönen angeboten. Organisch gefärbte Wolle ist in Fachgeschäften zu erhalten.

Sackleinen als Wandbespannung kam nach den 1970er Jahren aus der Mode, erlebt aber gerade eine Renaissance. Die robuste, raue Textur sieht interessant aus, und die sanften Naturfarben passen zu neutral eingerichteten Räumen.

Lammfelle werden gern zum Auslegen von Wiegen und Moses-Körbchen verwendet. Es heißt, ihre weiche Wärme habe heilende Eigenschaften, darum werden sie besonders für Frühgeborene empfohlen. Die organischen Varianten sind mit Mimosenextrakten gefärbt und enthalten keine chemischen Rückstände. Die Lammfelle sind außerdem waschbar und eignen sich auch als Einlage für Karre und Wagen sowie als Sitzfläche für Krabbelkinder.

Sitzsäcke mit einem Bezug aus Hanf, Leder, grobem Leinen oder derber Baumwolle mit einer Füllung aus Kügelchen aus recyceltem Styropor stehen bei Kindern hoch im Kurs – zu Recht, denn sie sind enorm bequem und sehen gut aus. Stühle mit geflochtener Sitzfläche besitzen einen rustikalen Charme, der mit den Jahren noch zunimmt, während Holzstühle mit angebundenen Drell-Kissen gleich viel bequemer werden.

Kissen mit Bezügen aus grobem Sackleinen, Bastgewebe oder Kombinationen von Leinen, Canvas, Kunstfell und Baumwollfleece sehen abwechslungsreich aus und sind sehr gemütlich. Das Mischen von natürlichen Materialien und Farbtönen ist der klassische Weg, ein klares und organisches Einrichtungskonzept zu verwirklichen. Welch praktischer Zufall, dass die natürlichen Farben eine ganz eigene Eleganz besitzen. Kombinationen aus kühlen Beigetönen, sattem Erdbraun, Taupe und Cremeweiß passen in alle Räume und sehen immer gut aus.

LINKS Eine ganze Sammlung warmer Wolldecken, feiner Leinen- und Baumwollbezüge und reichlich Kissen, dazu ein weiches Kuscheltier: so ein Bett ist unwiderstehlich. Für sanfte Beleuchtung sorgt die Lichterkette an der Wand. An der Decke aufgehängte Musseline-Vorhänge machen das Ganze zu einem wahrhaftigen Nest.

RECHTS Dieses Geschwisterzimmer mit den niedrigen Betten mit eingebauten Schubladen beherrscht eine helle, freundliche Atmosphäre, in der sich auch die Haustiere wohl fühlen.

GEGENÜBER In diesem »tierischen« Spielzimmer gehen Wände und Boden fast nahtlos ineinander über. Zur Fototapete mit den schlafenden Löwen gesellen sich Schaffelle und Sitzwürfel mit Leopardenbezug auf dem Boden.

DIE NATUR SCHÄTZEN

Am einfachsten lässt sich bei Kindern ein Sinn für die Natur und für andere Lebewesen wecken, indem man sie ins Zimmer holt.

Zimmerpflanzen sind als Wohnaccessoires lange unterschätzt worden, doch wirken sie wie natürliche Luftfilter. Bambus, Gummibäume, Chrysanthemen und Gerbera nehmen, ebenso wie Philodendron, schädliche Chemikalien wie Benzene auf, die beispielsweise von MDF-Platten, Sperrholz und anderen Kompositprodukten ausgedünstet werden. Auch Formaldehyd gehört zu den Wohngiften, die durch Pflanzen abgebaut werden. Es ist häufig in älteren Isoliermaterialien, Bezugsstoffen, Fleckschutzmitteln für Teppiche und bügelfreien Kleidungsstücken enthalten, aber auch in MDF-Platten und stark lackierten Möbeln.

Kinder finden es faszinierend, Jungpflanzen aus Samen heranzuziehen und täglich nach ihrem Befinden zu schauen. Ein Avocadokern, mit Zahnstochern über einem Glas Wasser aufgehängt, keimt ebenso schnell wie Samen von Tomaten, Kresse, Senf oder Kapuzinerkresse. Mehr als eine sonnige Fensterbank und eine Aussaatschale sind gar nicht nötig. Selbst eine alte Obstkiste oder ein stabiler Pappkarton reichen für junge Gärtner anfangs aus.

Wenn Kinder draußen spielen, bringen sie oft allerlei Getier mit. Gläser mit Blättern und Zweigen sind gute Übergangsquartiere für Insekten, Raupen, Heuschrecken und Spinnen. Dort können sie einige Tage beobachtet werden, ehe sie wieder frei gelassen werden.

Kinder basteln auch gern Collagen aus Muscheln, Stücken von Baumrinde, Zweigen, trockenen Blättern und Nüssen. Blüten und Blätter kann man leicht pressen. Aus Zweigen und dickem Bindfaden kann man allerlei Sterne gestalten und nebenbei etwas über Geometrie lernen. Ältere Kinder schälen auch gern die Rinde von abgebrochenen Zweigen mit einem Messer ab und bauen daraus mit ihren Stammesbrüdern Indianerzelte.

DAS GUTE LEBEN

Wer glaubt, ökologisch bewusstes Leben verlange Abstriche in Design oder Stil, der irrt sich. Katrin und ihr Mann Omero haben in Norditalien auf dem Lande eine alte, verlassene Windmühle umgebaut. Früher nisteten dort Vögel, jetzt ist es ein ökologisches Wohnhaus und Sitz einer Designfirma für Kinderkleider und Möbel. In ihrem Haus findet man alles, was zu gelungenem organischen Wohnen gehört: Schlichtheit, behaglichen Minimalismus und Sinn für gesundes, umweltbewusstes Leben.

LINKS Ein Adventskalender aus Bäckertüten mit aufgestempelten Zahlen. Jeden Tag gibt es eine kleine Überraschung, eine Süßigkeit oder ein Spielzeug zu entdecken.

LINKS Schlicht und streng wirken die weißen Wände und der Fliesenboden, Holzmöbel und der Holzofen sorgen für Wärme. Durch das Rundbogenfenster fällt der Blick auf den Fluss.

GEGENÜBER Eines von Katrins ersten Produkten war dieses Pferd zum Nachziehen aus Altholz von Baugerüsten. Wo Laura sich aufhält, ist auch ihr Pferd nicht weit.

Als Katrin und Omero die romantische, aber halb verfallene Windmühle vor vier Jahren entdeckten, stand sie lange leer. Die Segel waren abgenommen und drinnen nisteten die Vögel. Das Paar machte sich an die aufwändige Renovierung und richtete in den beiden oberen Stockwerken eine Wohnung ein. Später bauten sie das Erdgeschoss zu einer großen Werkstatt um.

Als ein Jahr Später ihre Tochter Laura zur Welt kam, beschloss Katrin, von zu Hause aus einem kinderkompatiblen Beruf nachzugehen. Sie begann, Kinderkleidung aus recyceltem Leinen zu entwerfen und über exklusive Geschäfte und den Versand zu vertreiben. Sie engagierte mehrere Tischler, die nach ihren Entwürfen Wiegen und Kinderbetten aus Recyclingholz fertigten – unter anderem von ausgedienten Baugerüsten und Weinfässern. Katrin gefiel die Idee, schlichte Materialien für ganz neue Zwecke zu verwenden. Als Gerüst mag das Holz wenig hergeben, Katrin

jedoch gab ihm ein neues Leben in schlichten Objekten mit klaren Linien, von der derben Wiege bis zum schlichten Küchentisch.

Nachdem sie angefangen hatte, aus Leinen und anderen Naturstoffen exquisite, schlichte Kinderkleidung zu gestalten, nahm sie Nachzieh-Spielzeug und eine Laufleren-Hilfe aus Recyclingholz in ihr Programm auf. Ihre Entwürfe sind um vieles attraktiver als die Standardmodelle aus Plastik.

Beide Geschäftszweige haben sich bestens entwickelt. Heute beschäftigt Katrin drei Tischler und drei Schneiderinnen. Ihre Möbel- und Kinderkleidungs-Kollektionen sind in Italien und auch in New York und Kalifornien zu kaufen.

OBEN Die schöne Wiege ist einer von Katrins ersten Entwürfen. Das Holz stammt von alten Weinfässern.

RECHTS Ein großes, ökologisch korrektes Kinderbett in robustem Design aus altem Gerüstholz. Ausgestattet ist es mit Laken aus reiner Baumwolle und einer Decke aus Leinen.

RECHTS Die organische Variante eines traditionellen japanischen Futon mit einem Rahmen aus breiten Planken, Absenkungen für Lampen und zwei Kopfstützen bietet genug Platz für eine übergroße Matratze.

OBEN Vollwert-Sternplätzchen gehen immer gut weg, wenn Gäste zu Besuch kommen. Sie werden im Holzofen gebacken, der auch das Haus heizt.

LINKS Der stabile Arbeitstisch und die schlichten Regale und Schränke wurden nach Katrins Entwürfen gefertigt.

Recycling hat in dieser Familie einen hohen Stellenwert. Katrins Geschäft fußt auf den eigenen Überzeugungen und auf der Absicht, diese an ihre Tochter weiterzugeben. So hat sie sich zu Hause einen Arbeitsplatz geschaffen, damit ihre Tochter auf dem ruhigen Land aufwachsen kann. Allerdings fällt Freizeit eher spärlich aus, wenn der Arbeitsplatz zu Hause ist und immer wieder Besucher in die Werkstatt kommen. Trotzdem hat es Vorteile, in einem Gebäude zu leben und zu arbeiten. Katrin genießt es, dass sie sich zu bestimmten Zeiten während des Arbeitstages um ihre Tochter kümmern kann. Und wenn sie von Auslandsreisen, Kundenbesuchen oder Messen nach Hause kommt, wird das Familienleben viel weniger gestört. Kleidungs-Kollektionen sind in Italien und auch in New York und Kalifornien zu kaufen.

UNTEN Laura hat die ökologische Grundeinstellung von Anfang an kennen gelernt. Besonders gern hilft sie ihrer Mutter, einer versierten Köchin, beim Ausstechen von Plätzchen in der Küche.

Innen ist die Windmühle weiß gestrichen. Die frische, saubere Atmosphäre wird nur durch Naturholz und Leinen in neutralen Tönen aufgelockert. Der Blickfang im Schlafzimmer ist ein mächtiges Bett im Futon-Stil, von Katrin entworfen. Es steht beim Fenster und gewährt einen herrlichen Ausblick auf die Landschaft. Als Laura ein Baby war, schlief sie in einer von ihrer Mutter entworfenen Wiege ebenfalls in diesem Zimmer.

In schlichten, frei stehenden Möbeln sind in der Küche alle wesentlichen Utensilien untergebracht. Katrin hat offene Regale entworfen, in denen Alltagsgeschirr und Gläser Platz finden. Weniger ansehnliche Dinge verschwinden hinter Schranktüren. Der wuchtige Tisch wird auch als Arbeitsplatte zum Backen von Brot und Plätzchen benutzt und steht in bequemer Nähe zum Holzofen. Als die Familie einzog, war dieser Ofen die einzige Wärmequelle des Hauses. Heute heizt er nur die Küche.

PROJEKT

RECYCLING-SPIELKÜCHE

Haushalt spielen macht in einer eigenen Einbauküche viel mehr Spaß. Beim Bau dieses Modells aus einem großen Karton können Kinder gut mithelfen.

Kinder finden manchmal die Verpackung interessanter als den Inhalt. Warum bauen Sie nicht einmal aus einem großen Karton eine transportable Kinderküche? Bei diesem Modell wurde an alles gedacht: Vier-Platten-Herd mit Regelknöpfen, Waschmaschine, Kühl- oder Vorratsschrank und Stauraum für Besteck, Kochutensilien und Topflappen. Die Idee lässt sich vielfältig variieren, auch eine kleine Werkbank oder einen Ladentisch könnte man bauen. Setzen Sie Ihre Phantasie ein und gehen Sie auf die Vorschläge des Kindes ein, dann entsteht ein Spielzeug, das so leicht nicht uninteressant wird.

MATERIAL UND WERKZEUG

❋ Stabiler Karton ❋ Breites Klebeband in Schwarz und Grau ❋ Dispersionsfarbe in Schwarz und Grau ❋ 4 Pappteller ❋ Doppelseitiges Klebeband ❋ 4 flache Türknöpfe (gebraucht oder neu) ❋ Orangefarbene Klebefolie ❋ Zirkel und Bleistift ❋ Cutter ❋ dicke, halbtransparente Plastikfolie ❋ 2 Bügelgriffe (gebraucht oder neu) ❋ Feine, schwarze Wellpappe ❋ Handbohrer ❋ Metallhaken (zum Einhängen in ein Gitter) ❋ Plastik-Körbchen ❋ Kochutensilien

1 Zuerst den Karton kopfüber stellen und die unteren Kanten mit schwarzem Klebeband verstärken. Dann die oberen Kanten (ursprünglich die des Kartonbodens) mit grauem Klebeband bekleben. Einen Streifen über die Mitte kleben, um die Naht der beiden Pappklappen zu verstärken. Die Oberfläche mit grauer Dispersionsfarbe streichen.

2 Für die Herdplatten vier Pappteller umdrehen und die Ränder mit grauer Farbe streichen. Trocknen lassen, dann die Böden schwarz streichen. Doppelseitiges Klebeband auf die inneren Ränder kleben und die Teller damit befestigen. In die Mitte mit Heißkleber vier flache Griffknöpfe kleben und mit ausgeschnittenen Motiven aus orangefarbener Klebefolie verzieren.

3 Für die Waschmaschinentür mit Zirkel und Bleistift zwei große Kreise mit etwa 7,5 Zentimeter Abstand auf eine Seite des Kartons zeichnen. Erst den äußeren, dann den inneren Kreis ausschneiden, sodass ein Ring entsteht. Diesen Ring grau anmalen. Nach dem Trocknen den Ring mit mehreren Streifen schwarzem Klebeband (als Scharnier) auf der Innenseite des Kartons an einer Seite ankleben. Die transparente Folie mit doppelseitigem Klebeband als »Bullauge« in die Öffnung kleben. Einen Bügelgriff mit Schrauben und Muttern an der Waschmaschinentür befestigen. Am oberen Rand drei Quadrate aus schwarzer Wellpappe aufkleben, auf eines Kreise aus orangefarbener Klebefolie als Kontrolllämpchen aufkleben.

4 Für den Schrank oder Kühlschrank auf der gegenüber liegenden Seite mit einem Cutter drei Seiten eines Rechtecks jeweils 4 Zentimeter von den Rändern entfernt aufschneiden. Die Tür soll sich leicht öffnen und schließen lassen. Den zweiten Griff anschrauben und als Dekoration einen 7,5 Zentimeter breiten Streifen aus schwarzer Wellpappe an die Oberkante der Tür kleben.

5 An den beiden anderen Seiten des Kartons mit dem Handbohrer Löcher stechen. Dabei passende Abstände für die Metallhaken wählen, die hier eingehängt werden. Die Haken in die Löcher stecken, Besteck und Plastik-Körbchen für Utensilien daran aufhängen.

PROJEKT

DUFTENDES SCHLAFKISSEN

Diese weichen Tierkissen mit einer Füllung aus Weizen und Lavendel helfen durch ihren feinen Duft Kindern beim Einschlafen.

Erwärmt man die Kissen leicht im Backofen oder der Mikrowelle, intensiviert sich der Geruch. Verwenden Sie unbedingt einen sehr dicht gewebten Stoff, am besten aus 100 % schadstofffreier Baumwolle. Der Weizen hält die Wärme lange, der Lavendel sorgt für den zarten Duft. Auch Kinder, die an Allergien leiden, können diese Kissen meist bedenkenlos benutzen. Im Zweifelsfall sollten Sie jedoch den Arzt fragen. Die Kissen werden zwei Minuten in der Mikrowelle oder zehn Minuten im vorgeheizten Backofen bei 180 °C erhitzt.

Eine Schablone für den Wal finden Sie auf Seite 183. Andere Formen können Sie leicht selbst zeichnen oder abzeichnen, etwa ein Kaninchen, einen Delfin, einen Frosch, ein Huhn oder einen kleinen Hund.

MATERIAL UND WERKZEUG

❄ Schere ❄ 60 x 40 cm dunkelblauen Baumwollstoff (100 % Baumwolle) ❄ 3 kleine Stücke Baumwollstoff in Weiß oder Creme ❄ Klebevlies zum Aufbügeln ❄ Weißes und blaues Nähgarn, Nadel ❄ Nähmaschine ❄ Blaues Stickgarn und Sticknadel ❄ 650 g Weizen (Bioladen oder Tierfutterhandlung) ❄ 2 EL frischen Lavendel

1 Für den Walkörper und die helle Zeichnung Papierschablonen ausschneiden. Dazu die Vorlagen auf Seite 183 nach Wunsch mit dem Fotokopierer vergrößern oder abzeichnen. Aus blauem Stoff zwei Walkörper zuschneiden, aus weißem die Zeichnungen. Das Klebevlies in der gleichen Form wie die hellen Teile, aber etwas kleiner zuschneiden.

2 Die weißen Teile auf den Walkörper legen, dabei das Klebevlies zwischen die beiden Stofflagen schieben. Die hellen Stücke sorgfältig aufbügeln und die Konturen mit der Hand oder Maschine nachnähen. So halten sie auch besser.

3 Die weißen Teile mit weißem Garn aufsteppen. Das Auge mit hellblauem Stickgarn aufsticken. Die beiden blauen Stücke rechts auf rechts entlang der Kanten stecken und mit der Hand mit einem Zentimeter Nahtzugabe zusammennähen. Am Schwanzende des Bauches eine 10 Zentimeter große Öffnung lassen. Zur Stabilisierung die Kanten noch einmal nachnähen. Alle Ecken einknipsen, damit sich der Wal leichter wenden lässt. Wenden und mit Weizen und Lavendel füllen, dann die Öffnung mit der Maschine zusteppen.

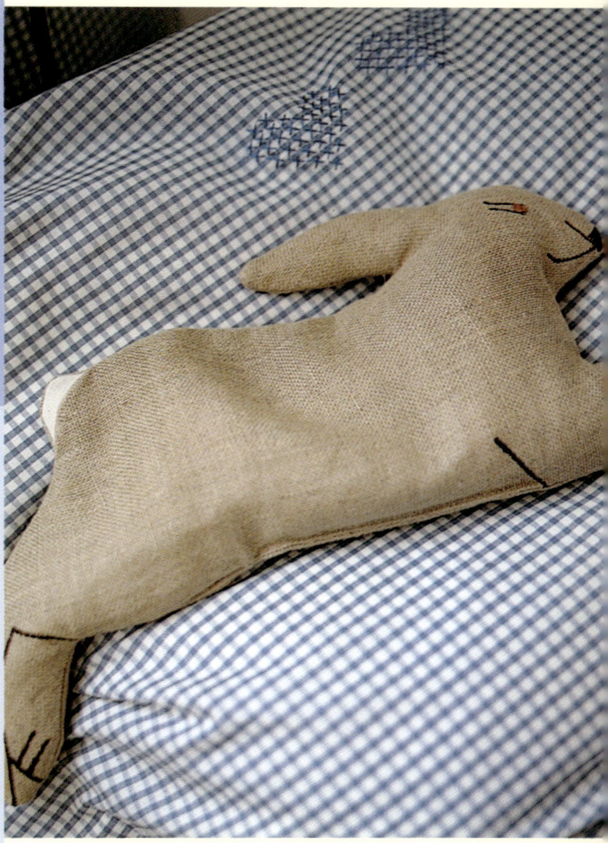

OBEN Tierkissen mögen alle Kinder. Dieser Hase aus dicht gewebtem Naturleinen hat aufgestickte Details und einen weißen Stummelschwanz.

PROJEKT

BEZUG FÜR DIE WÄRMFLASCHE

Wenn das müde Frieren kommt, gibt es nichts Gemütlicheres als eine Wärmflasche mit einem weichen, gestrickten Bezug.

Wer stricken kann, schafft diesen Bezug an zwei oder drei Abenden. Er wird mit Knöpfen geschlossen. Für Kinder unter drei Jahren sollten Sie lieber Klettbandstreifen an beide Seiten der Öffnung nähen. Wer es ganz natürlich mag, verwendet Wolle aus biologischer Schafzucht, die es bei Spezialanbietern gibt. Den winzigen Teddy für die Tasche kann man kaufen oder stricken.

MATERIAL UND WERKZEUG

❄ 1 Paar Stricknadeln Größe 4 ❄ 2 x 50 g Wolle oder Baumwolle in Farbe A ❄ 2 x 50 g Wolle oder Baumwolle in Farbe B ❄ evtl. Rest Wolle in anderer Farbe für die Tasche ❄ Maschenfangnadel ❄ 3 Knöpfe oder 1 Streifen Klettband

ABKÜRZUNGEN

abn = abnehmen
abk = abketten
anschl. = anschlagen
re = rechte Masche(n)
li = linke Masche(n)
M = Masche(n)
str = stricken
zus = zusammenstricken (Faden liegt vorn)
R = Reihe
RS = Rechte Seite

TASCHEN-FUTTER

19 M in Farbe A anschlagen. 8 Zentimeter glatt re stricken, mit einer Reihe li enden. Die M auf eine Fangnadel ziehen.

VORDERTEIL

39 M in Farbe A anschl.

1. Reihe: abwechselnd 1 re, 1 li, mit 1 re enden
2. Reihe: abwechselnd 1 li, 1, re , mit 1 li enden
3. Reihe (Knopfloch-Reihe): 1 re, 1 li, 2 re zus, 14 M Rippen 1 re, 1 li, 2 re zus, 14 M Rippen 1 re, 1 li , 2 re zus, 1 li, 1 re.
4. Reihe: Rippenmuster 1 li, 1 re
5. Reihe: Rippenmuster 1 re, 1 li

Glatt re weiterstricken, dabei 3 mal an beiden Enden jeder 2. Reihe 1 M zun. = 45 M

Nächste Reihe: mit Farbe B weiterarbeiten.

In Streifen von 4 R je Farbe 12 Zentimeter hoch stricken.

Tasche einsetzen

Nächste Reihe (RS): 13 re

In der Farbe der Tasche 19 re

In der Hauptfarbe 13 re.

Die Streifenfolge einhalten und glatt re bis in 20 Zentimeter Gesamthöhe stricken, mit einer R li enden.

Nächste Reihe: 13 re, 13 M auf die Fangnadel schieben, statt dessen über die 19 M des Taschenfutters stricken, dann die Reihe beenden.

Im Streifenmuster glatt re bis in 28 cm Höhe stricken, mit einer R li enden.

FLASCHENHALS

An beiden Enden jeder 2. Reihe je 1 M abn = 39 M.

Am Anfang der beiden nächsten R je 5 M abk = 29 M.

An beiden Enden jeder 2. Reihe je 1 M abn = 23 M.

2 R stricken.

An beiden Enden jeder 2. Reihe je 1 M abn = 17 M.

1 R li, dann alle 17 M abk.

RÜCKSEITE

39 M anschlagen.

Glatt re wie das Vorderteil stricken, jedoch ohne Rippenkante und Tasche.

FERTIGSTELLUNG

Beide Teile leicht bügeln.

Die 19 M der Tasche auf eine Nadel schieben und 2 cm im Rippenmuster stricken. Abketten.

Ränder von Futter und Tasche annähen. Vorder- und Rückteil zusammennähen, die Unterkante offen lassen. Knöpfe oder Klettband annähen.

Draußen spielen

KINDER UND GÄRTEN

Gärten und Kinder sind für einander gemacht. Solange Kinder klein sind, reicht der Platz zum Spielen im Haus oft nicht aus – der Garten ist der ideale Spielplatz. Sie können sich austoben, und drinnen kehrt zugleich etwas mehr Ruhe und Ordnung ein. Selbst der kleinste Garten lässt sich kinderfreundlich gestalten. In größeren Gärten ist es oft sinnvoller, einen abgeschlossenen Spielbereich zu schaffen, ähnlich wie ein separates Zimmer. Bevor die Kinder schwimmen können, sollte man auf einen Teich besser verzichten. Achten Sie bei neu angelegten Terrassen und Stufen auf abgerundete Kanten, die zu kleinen Knien freundlicher sind als scharfe rechte Winkel.

Wer den Garten so einrichtet, dass er bei geeignetem Wetter als Zimmer im Freien genutzt werden kann, etwa als Erweiterung von Küche, Ess- oder Wohnbereich, gewinnt einerseits Platz zum Leben und lässt seine Wohnung andererseits geräumiger wirken. Markisen, Pergolen und Glasdächer bieten einen gewissen Schutz vor den Elementen, kosten aber viel weniger als ein Wintergarten. Ein Essplatz im Freien ist für Kinder ideal. Allerdings kann er im Sommer, wenn viele Freunde vorbeischauen, schnell zur Massenfütterungsanlage werden. Kinder können helfen und den Tisch decken oder Platzkarten aufstellen, wenn viele Gäste kommen. Kleinere Gesellschaften haben auch Spaß an Finger Food auf einem Teppich oder einer Decke. Und weil das Essen außerhalb des Hauses stattfindet, ist es auch für die Eltern viel entspannender.

Gärten bieten aber auch viele Möglichkeiten für Kreativität, Entdeckerfreude und Lernen. Zum Leben im Freien gehört, den Wechsel der Jahreszeiten zu beobachten, das Gedeihen von Sämlingen zu überwachen, Insekten unter Blumentöpfen zu entdecken. Selbst im kleinsten Garten kann man einen Bereich speziell für die Kinder abteilen.

Das kann ein Minigarten in einer Obstkiste sein, aber auch ein eigenes Beet mit Pflanzenschildchen, Vogelscheuche und Staketenzaun. Ob groß oder klein, Kinder lieben einen ganz persönlichen Bereich, in dem sie ihre eigenen Pflanzen ziehen und pflegen können. Selbst wenn es manchen vielleicht nur darum geht, etwas Erde in einen Eimer zu schaufeln und die Würmer herauszufischen.

RUND UMS JAHR

Der Sommer ist natürlich die beste Gartenjahreszeit. Andererseits scheinen Kinder kein schlechtes Wetter zu kennen und mögen bei jeder Temperatur, bei Regen und Sonnenschein nach draußen gehen. Solange sie sich warm anziehen und die schmutzigen Gummistiefel vor der Haustür lassen, können sie viel Spaß beim Spielen in Pfützen, Schlamm und Schnee haben.

Wer einen Spielbereich für die Kinder im Garten einrichtet, bietet ihnen eine willkommen Abwechslung und entlastet den Wohnbereich. Außerdem tut es Kindern gerade im Winter gut, statt Heizungsluft frische Luft zu atmen.

Ein Spielbereich mit Rutsche, Schaukel, Kletterseil, Klettergerüst oder Spielplattform laden zu allerlei Abenteuern ein. Das Angebot fertiger Spielgeräte für jeden Geldbeutel ist groß, aber man kann natürlich auch selbst Spielgeräte bauen. Wer selbst zum Werkzeug greifen will, sollte flexibel planen, denn für kleine Kinder müssen Rutschen und Klettergerüste niedriger sein als für größere.

LINKS Einige kleine Umbauten haben aus einem alten Gartenschuppen einen Kiosk gemacht, in dem die halbe Nachbarschaft „einkaufen“ kommt. Ketten halten die Verkaufsklappe oben.

OBEN Eigentlich soll ja Fallobst gesammelt werden. Wenn Kinder einmal mit Gummistiefeln und Körbchen unterwegs sind, finden sie kleine Tiere, Blätter und Steine mindestens so interessant.

OBEN In diesem großen, zwanglosen Garten haben die Kinder ein eigenes Häuschen mit Rutsche und Seilschaukel im Baum – und einen kleinen Teich. Insgesamt wirkt die Anlage wie ein Familiengarten, aber nicht wie ein abgegrenzter Spielbereich.

Kleine und große Kinder klettern leidenschaftlich gern. Vor allem in kleinen Gärten ist ein Klettergerüst ein Geschenk des Himmels. Auch frei stehende Schaukeln brauchen nicht viel Platz. Besonders klein machen sich Schaukeln, die an Bäumen oder einfachen Holzgestellen aufgehängt werden. Man kann sie fertig aus Holz oder Metall kaufen, es macht aber auch Spaß, sie selbst zu entwerfen und zu bauen.

Sicherheit ist natürlich oberstes Gebot. Kaufen Sie nur Spielgeräte, die auf ihre Sicherheit hin geprüft sind und beachten Sie beim Aufstellen die Anweisungen des Herstellers genau. Wenn Sie ein Spielgerät selbst bauen möchten, informieren Sie sich zuerst über die Sicherheitsbestimmungen und

prüfen Sie, ob alle Materialien für den gewünschten Zweck stabil genug sind.

Zu den schönsten Spielen gehört das Höhlenbauen. Je einfacher die Konstruktion, desto besser. Große Zweige und Blätter, wie ein Wigwam um einen Baumstamm aufgestellt und vielleicht mit einer Flagge oder einer bunten Girlande dekoriert – mehr muss es nicht sein.

Holzdecks sind für Gärten, in denen Kinder spielen, ideal. Fasst man sie mit einem Staketenzaun und einer Pforte ein, können auch Krabbelkinder ungefährdet spielen. Gleichzeitig entsteht so eine klare Barriere zwischen dem Wohnbereich und nassem Gras oder matschigen Beeten. In ein solches Deck kann man erhöhte Sitzbereiche und abgesenkte Pflanztröge integrieren, vielleicht für Kräuter oder die Lieblingsblumen der Kinder. Das Deck ist auch ein guter Platz zum Malen mit Wasserfarben und für andere Spiele, die Schmutz verursachen. Kleckse werden einfach weggespült.

Frei stehende Trampolins sind in großen Gärten seit Jahren eine Attraktion. Es gibt runde und eckige Modelle, und weil sie wetterfest sind, kann man sie sofort benutzen, wenn es zu regnen aufhört. In ein Holzdeck oder eine Terrasse kann man sie auch auf Bodenniveau einlassen, allerdings muss dann darunter eine Grube ausgehoben werden, sodass das Trampolin an seinen Platz gebunden ist.

OBEN Am besten spielt es sich in einem Geheimversteck. Hier wurde aus Weidenzweigen eine Kuppel über einem Sitzplatz geflochten. Man erreicht ihn nur über einen schmalen Weg, der sich zwischen Schatten liebenden Pflanzen schlängelt.

OBEN Metallblüten als Trittsteine bilden ein hübsches Muster in einer Rasenfläche.

UNTEN Die offene Laube auf dem Holzpodest bietet reichlich Platz für Möbel im Erwachsenenformat, Bänke und eine Hängematte. Von hier aus kann man ein Auge auf Wippe und Trampolin haben. Trampolins bieten Kindern über fünf bei trockenem Wetter viele Stunden Spielspaß. Es scheint ihnen nie langweilig zu werden, sich hoch in die Luft zu katapultieren.

GEGENÜBER Größere Kinder und Teenager haben manchmal sonderbare Stimmungen. Hängematten und Schaukelsessel unter bunten Windspielen sind ideale Plätze zum Schmollen oder Träumen.

NUR FÜR KINDER

Teilt man für die Kinder ein spezielles Stück Garten ab, gewährt man ihnen damit ein Stück Freiheit, das sie in unserer durchorganisierten Gesellschaft oft vermissen. Stellt man außerdem einige Ausrüstungsgegenstände zur Verfügung und gliedert den Bereich in verschiedene Aktivitätszonen, schafft man obendrein Raum zum Gärtnern, Spielen und Lernen.

In einem kleinen Garten könnte man den Spielbereich durch einen Staketenzaun, einen Weidenflechtzaun oder Bambusmatten abgrenzen. Eine Alternative wäre eine schnell wachsende Hecke wie Liguster oder Kirschlorbeer. Ein kleines Spielhaus, eine Schaukel oder ein Klettergerüst könnten das Zentrum des Bereiches bilden. Zusätzlich könnte man ein kleines Wasserspiel, ein winziges Hochbeet oder eine Sitzgruppe im Kinderformat unterbringen.

Möbel im Kinderbereich sind wichtig. Kleine Bänke und Stühle aus Ästen, Picknicktische und bunt gestrichene Weidenstühle sehen hübsch aus und sind recht robust. Eine Bank kann auch ans Klettergerüst angebaut und als Kletterstufe benutzt werden. Vielleicht muss sie auch einmal als Podest zur Medaillenverleihung nach einem »Olympiade«-Spiel herhalten. Die meisten Kinder haben Spaß daran, beim Anstreichen oder Lasieren von Gartenmöbeln zu helfen. Eine schöne Abwechslung zu konventionellen Möbeln sind auch improvisierte Sitzgelegenheiten, etwa abgesägte Baumstümpfe mit aufgeschraubten Hartholz- oder Zinkplatten.

Wenn Ihnen Miniaturmöbel zu teuer sind, könnten Sie auch um einen vorhandenen Baum eine klassische Baumbank bauen. Hängematten sind bei Kindern und Erwachsenen gleichermaßen beliebt. Es gibt sie in vielen verschiedenen Farben, Größen und Stilen. Sie müssen sehr sorgfältig befestigt sein. Kinder unter drei Jahren dürfen nicht unbeaufsichtigt in einer Hängematte bleiben.

Sehen Sie sich in Ihrem Garten um, vielleicht bieten sich vorhandene Elemente an, um sie zum kinderfreundlichen Bereich zu erklären. Ein toller Kletterbaum kann schon ausreichen, die Phantasie anzufachen. Auch ein einfaches Kletterseil oder eine Strickleiter eignen sich für viele Spiele – Piraten, Spione, Akrobaten oder Dschungelforscher? Auch Strickleitern und Seile müssen sorgfältig befestigt werden. Außerdem sollten Sie sie gelegentlich auf ihre Haltbarkeit kontrollieren.

Als Accessoires für den Kinder-Garten eignen sich Windspiele, Vogelscheuchen, bemalte Holzlaternen und Vogelhäuser – alles Projekte, an denen sich Kinder beteiligen können, wenn sie Lust zum Basteln haben.

OBEN Ein dicker Stamm, der mitten durch das Spielhaus wächst, ist besonders faszinierend. Gestrichene Bretterwände, eine Girlande und einfache Möbel machen es richtig wohnlich.

OBEN RECHTS So ein Minihaus ist perfekt für Kinder bis zum Schulalter. Das Häuschen mit dem Strohdach ist für Erwachsene ebenso ansprechend wie für Kinder.

GEGENÜBER Ein einfaches Spielhaus auf Stelzen wirkt mit dem hellen Anstrich und den hellblauen Fensterrahmen frisch und einladend. Das Dach aus Weidengeflecht, die geflochtenen Blumenkästen und die blauen Karogardinen zeigen Liebe zum Detail.

SPIELHÄUSER UND BAUMHÄUSER

Das Erschaffen einer Miniaturwelt in Form eines Baumhauses oder Spielhauses weckt in uns Erwachsenen mindestens so viele nostalgische Gefühle, wie das Spielen darin den Kindern Vergnügen bereitet. Ein Spielhaus kann ein einfacher Gartenschuppen mit Blümchen- oder Karogardinen und einem Blumenkasten sein, aber auch ein speziell für die Kinder errichtetes Bauwerk mit gestrichenen Wänden, Strohdach und Schornstein. Anstelle eines Baumhauses könnte man ein Spielhaus auch auf Stelzen stellen, sodass es elegant in der Luft schwebt. Natürlich darf ein Flaschenzug nicht fehlen, mit dem man Eimer voll Sand oder Wasser und natürlich Verpflegung hinauf zieht.

Ein einfaches, preiswertes Spielhaus lässt sich mit allerlei Details aufwerten. Ein simples Dach sieht schöner aus, wenn man lose Schindeln aufklebt oder Matten aus Weide, Bambus oder Stroh darauf befestigt. Nach Maß geschnittene Zierleisten, ein Namensschild, eine Hausnummer, Fensterläden und Blumenkästen sind ebenfalls schöne Dekorationen, an deren Gestaltung Kinder sich gern beteiligen. Viele Hersteller bieten auch spezielle Accessoires an oder fertigen Modelle nach Kundenwunsch passend zum Wohnhaus der Familie.

Beim Streichen von Baum- und Spielhäusern kann man Kinder sehr gut einbeziehen, denn Kleckse und Tropfen sind draußen keine so große Katastrophe wie in der Wohnung. Jedes Haus sieht mit einfachen Gardinen hübscher aus – Musseline, zarte Blumendrucke oder Vichykaro sind am besten geeignet. Ist der Fußboden passend zu den Wänden gestrichen, wirkt das kleinste Häuschen gleich größer, und natürlich passen kleine Möbel viel besser hinein als Möbel in Erwachsenenformat. Wer Lust hat, kann die Auswahl der Farben für Innen- und Außenwände den Kindern überlassen, um ihnen eine Lernerfahrung zu ermöglichen.

Man könnte einem Spielhaus auch ein Thema zuordnen. Kinderbücher liefern gute Anregungen, etwa ein grob geschnitztes, fehlerhaft beschriftetes Namensschild wie bei Winnie Puh oder eine Veranda wie in der Villa Kunterbunt. Maritim wirkt das Spielhaus, wenn man die Außenwände zweifarbig in senkrechten Streifen streicht und vielleicht eine bunte Fähnchengirlande aufhängt. Dazu passen Holzstufen und Geländer in Eiscremefarben. Ein rustikales Waldhäuschen sieht am besten aus, wenn das Holz unbehandelt ist. Statten Sie es mit robusten Möbeln, einem gestreiften Flickenteppich und einer alten Laterne aus. Selbst alte Zweige eignen sich als Dekoration.

Als Accessoires bieten sich Schubkarren, Sitzsäcke, Wetterfahnen, Rettungsringe und ein kleiner Fahnenmast samt Fahne an. Das Innere kann ganz nach Geschmack gestaltet werden. Mit einer kleinen Vase voll Blumen aus dem Garten, einer hübschen Sammlung von Kinderbüchern und Comics, vielleicht einem Fernglas für kleine Spione und Vogelbeobachter und einer Spielküche können Sie sicher sein, dass so ein Haus nicht so schnell langweilig wird. Kleine Kinder haben Spaß daran, einfach ihre Spielzeuge ins Haus und wieder hinaus zu schleppen. Ein Glöckchen an der Tür, mit dem Besucher sich anmelden, darf auch nicht fehlen.

Eine Sandkiste ist eine gute Ergänzung zum Spielhaus oder einem anderen Spielbereich. Sie bietet Krabbelkindern und älteren Geschwistern viele Stunden Spielspaß. Man kann frei stehende Sandkisten kaufen, die überall auf einer Terrasse oder einem Rasen aufgestellt werden können. Man kann die Sandkiste aber auch in einem Holzdeck oder einer gepflasterten Fläche einsenken. Nachts sollte sie abgedeckt sein, damit streunende Tiere sie nicht verunreinigen.

Ein Baumhaus oder ein Haus auf Stelzen bietet auch unter dem Boden Spielfläche, die beispielsweise für eine Sandkiste genutzt werden kann. Hängt man Segeltuchbahnen unter das Haus, Seile oder ein Tarnnetz, entsteht ein wunderbares Geheimversteck.

OBEN Eine kleine Veranda ist ein geschützter Platz für eine schnelle Partie Dame. Was spricht dagegen, das Damebrett als dauerhafte Dekoration direkt auf den Fußboden zu malen?

SPIELE IM FREIEN

Kinder spielen gern draußen, vor allem bei gutem Wetter. Selbst der kleinste Garten kann so gestaltet werden, dass er Kindern und Erwachsenen entspricht. Dekorative Sichtschutz-Elemente eignen sich zum Abgrenzen eines Spielbereichs vom Sitzplatz der Großen. Einen gemauerten Grill könnte man mit Spalieren und Rankbögen verstecken und dort gleich Stauraum für das Gartenspielzeug unterbringen. Kleine Picknicktische und Gartenmöbel sind für wenig Geld zu haben. Sie sehen im Kinderbereich, vielleicht neben einem Kräuterbeet, sehr niedlich aus.

Draußen zu spielen kann vielerlei bedeuten. Ein einzelnes Kind könnte Dreirad fahren, eine Gruppe könnte eine Theatervorstellung vorbereiten, komplett mit Bühne, Kostümen und Requisiten. Viele Spiele für drinnen machen mehr Spaß und bieten mehr Raum für Phantasie, wenn man sie nach draußen verlegt. Im Freien hat man viel Platz zum Zeichnen, Malen (und Klecksen), außerdem sind Blätter, kleine Zweige und andere Fundstücke für dreidimensionale Collagen jederzeit zur Hand. Verkleide- und Rollenspiele machen viel mehr Spaß, wenn man die verschiedenen Rollen in Geheimverstecken, unter Bäumen oder auf gepflasterten Flächen ausleben kann.

Für Partyspiele, wie »Die Reise nach Jerusalem«, könnte man Sterne, Wolken oder Bäume aus stabiler Pappe ausschneiden, auf denen die Kinder stehen. Ein Kassettenrekorder lässt sich leicht in den Garten tragen. Als Dekoration für ein Gartenfest bieten sich bunte Girlanden an (siehe Seite 174–175), und wenn das Fest bis in den Abend dauert, sollten Sie auch an Laternen denken.

Allerlei vorhandene Gartenelemente lassen sich zum Spielen bestens zweckentfremden. Ein gemauerter Grill kann beispielsweise zur Bühne für ein Puppentheater umfunktioniert werden. Schubkarren werden zu Bussen für Spielzeuge oder müssen für ein Wagenrennen über den Rasen herhalten. Und eine Pergola kann zum prächtigen Entree eines Phantasieschlosses werden.

Das Herumtoben mit Fahrrädern, Stelzen, Rollern, Rollschuhen und kleinen Fahrzeugen ist eine erprobte Art, Kindern Bewegung – und am Abend eine gesunde Müdigkeit – zu verschaffen. Allerdings brauchen solche viel benutzten Utensilien auch einen festen Platz. Ein abschließbarer Schuppen, eine Garage, ein Hauswirtschaftsraum oder eine Veranda wären ideal, während für kleinere Spielzeuge auch eine abschließbare Kiste ausreicht. Fahrräder und Helme kann man mit stabilen Haken an der Garagenwand aufhängen. Die Sammlung von Fußbällen und Basketbällen findet Platz in einem Netz, das neben Tennisschlägern an der Wand oder Decke aufgehängt werden kann.

BALLSPIELE

Für sportliche Spiele ist in Gärten aller Größe Platz. In einem großen Garten könnte man eine Torwand einrichten, auf die nach Herzenslust geschossen werden darf. Ein Basketballkorb, einfach an einer Hauswand befestigt, bietet sich an, um die Motorik an trockenen Tagen zu trainieren – als Alternative zu Computer und Fernseher. Allerdings sollte so ein Korb nicht zu nahe an einem Fenster hängen. Für aktive, ältere Kinder ist auch ein Tennisball mit Schnur an einer Stange ein schönes Spielgerät. Frei stehende Netze für Federball oder Volleyball sind, ebenso wie Fußballtore, eine gute Investition für Familien mit großen Gärten. Und wenn sich die ganze Familie trifft, könnte man auch Baseball, Boule oder Krocket spielen.

TRADITIONELLE SPIELE

Hüpfkästchen-Spiele scheinen nie aus der Mode zu kommen. Es gibt viele Varianten, die man auch als Dekoration auf eine Terrasse, ein Holzdeck oder eine andere harte Oberfläche malen könnte. Verstecken und Fangen sind ebenso beliebte Spiele wie Seilspringen und Gummitwist. Kinder bauen auch gern phantasievolle Hindernis-Strecken auf. Mit Decken, Brettern, Mauersteinen und Gartenmöbeln gestalten sie faszinierende Labyrinthe und sie haben enormen Spaß daran, wenn sich auch die Erwachsenen einmal im Hindernislauf erproben.

Ein sicheres Mittel, um bei Kinder- oder Familienfesten der Langeweile vorzubeugen, ist eine Schatzsuche. Süßigkeiten oder kleine Spielzeuge werden im Garten versteckt und die Schatzsucher müssen sie finden. Sperren Sie beim Verstecken der Schätze aber vorsichtshalber die Haustiere ein! Größere Kinder können bei den Vorbereitungen helfen, indem sie beispielsweise kryptische Schatzkarten zeichnen.

DRAUSSEN SCHLAFEN

In den Sommermonaten gibt es nichts Schöneres für Kinder, als im Freien zu übernachten – sei es in einem Zelt, einem Spielhaus oder einem Baumhaus. Viele Kinder machen so ihre ersten Campingerfahrungen, allerdings in einer vertrauten und sicheren Umgebung. Ideal ist eine warme Nacht mit schönem Mondschein. Es ist nicht falsch, wenn ein Erwachsener in der Nähe schläft, falls doch plötzlich Angst vor der Dunkelheit, vor Spinnen im Zelt oder den Geräuschen eines kleinen Nachttieres aufkommt.

RUHE UND FRIEDEN

Richtet man einen ruhigen Platz zum Lesen oder Zeichnen im Garten ein, stehen die Chancen gut, dass Kinder sich einmal vom Fernseher oder Computer lösen. Dafür kann schon ein kleines Bücherregal auf Rollen, ein Vorrat Papier und einige Töpfe mit Stiften im Spielhaus ausreichen. Wenn Kinder sich mit ihren Freunden im Garten ausgetobt haben, wissen sie so einen ruhigen Rückzugsplatz zu schätzen.

RECHTS Zelten ist für Kinder ein Abenteuer, das einer Reise zum Mond nahe kommt. Dies ist zwar ein sehr komfortables Zelt mit fast allen Annehmlichkeiten eines Hauses, doch das Leben im Freien – mit etwas Abstand zu den Erwachsenen – ist dennoch überwältigend.

OBEN Einen natürlichen Bogengang kann man aus Metallbögen oder Weidenspalieren gestalten, die mit schnell wachsenden Kletterpflanzen berankt werden. Auch Bambus eignet sich gut für solche reizvollen Tunnel in Grün.

DER GRÜNE DAUMEN

Die Gestaltung eines Gartens für die Selbstversorgung mag wie ein Traum klingen, macht aber kaum mehr Arbeit als die Anlage eines kleinen Gemüsebeetes. Außerdem können die Kinder mithelfen. In einem kleinen Garten sollten Kinder einen eigenen Bereich haben, in dem sie Pflanzen in Töpfen ziehen können.

Persönlicher wird der Gemüsegarten durch Dekorationen, an denen Kinder gern mitwirken. Vogelscheuchen lassen sich schnell und ohne große Kosten basteln. Die einfachste Version besteht aus Streifen von Alufolie, die mit Bast oder Sisalschnur an Stöcke gebunden werden. Eine voll ausgestattete Vogelscheuche ist schon ein aufwändigeres Projekt. Am besten nimmt man alte Kleider und einen Hut aus der Verkleidekiste, stopft Körper, Arme und Beine mit Zeitungspapier oder Stroh aus und hängt die fertige Gestalt an einem Bambusstab oder einer Holzstange auf. Um den Kinderbereich auch optisch abzugrenzen, könnte man einen Bogengang aus gestutzten Weiden oder Haselsträuchern pflanzen oder einen Kiesweg anlegen, der beiderseits von niedrigen Hecken gesäumt wird.

GEMÜSE

Perfekt für Kinder sind schnell wachsende Gemüse wie Zucchini und andere Kürbisse, Knoblauch, Tomaten, Salat und Stangenbohnen, die besonders faszinierend aussehen, wenn sie beginnen, sich um ihre Stangen zu winden und die ersten großen Schoten bilden. Auch Kartoffeln, Zwiebeln und Schalotten sind unkompliziert. Kräuter in Töpfen oder im Beet wachsen schnell und zuverlässig. Für Anfänger eignen sich vor allem Petersilie, Thymian, Schnittlauch, Minze und Rosmarin.

BLUMEN

Damit Kinder nicht das Interesse verlieren, brauchen sie schnelle Ergebnisse. Es hat keinen Sinn, einen Baumsämling zu pflanzen und zu erwarten, dass sie fünf Jahre auf sichtbare Fortschritte warten möchten. Günstiger ist eine Mischung aus Einjährigen, die kurz vor der Blüte stehen, Zwiebelpflanzen, die jedes Jahr wieder blühen und Arten, die sich leicht aus Samen ziehen lassen, etwa Stiefmütterchen, Sonnenblumen, Kapuzinerkresse oder Ringelblumen. Sie alle wachsen schnell und blühen reichlich – auch ohne allzu viel Pflege. Der mehrjährige Wollziest *(Stachys byzantina)* ist bei Kindern sehr beliebt, weil seine weich behaarten, graugrünen Blätter an Hasenohren erinnern.

GEFÄHRLICHE PFLANZEN

Kinder sind von Natur aus neugierig. Solange sie klein sind und dazu neigen, alles anzufassen, zu

pflücken und in den Mund zu stecken, was interessant aussieht, sollte man auf giftige oder dornige Pflanzen verzichten.

Wenn sie etwas älter werden, kann man ihnen klar machen, dass nicht alles essbar ist, was im Garten wächst. Besondere Vorsicht ist bei Pflanzen geboten, von denen einige Arten essbar, andere aber stark giftig sind, beispielsweise Pilze.

Wer unsicher ist, ob in seinem Garten giftige Pflanzen wachsen, kann sich in einer guten Gärtnerei kundig machen. Zu den tödlich giftigen Arten gehören Eisenhut *(Aconitum)*, Fingerhut *(Digitalis)*, Ziertabak *(Nicotiana)*, Schierling *(Conium maculatum)* und Goldregen *(Laburnum)*. Andere Gartenpflanzen sind zwar nicht so giftig, können aber bei Berührung oder Verzehr heftige allergische Reaktionen auslösen. Zu diesen gehören Akelei, Lobelie, Maiglöckchen, Narzisse, Blauregen, Euphorbie und Wacholder. Kakteen, Yucca und Rosen haben spitze Stacheln, an denen man sich unangenehm verletzen kann. Auch sie sollte man in Gartenbereichen, die von Kindern viel benutzt werden, möglichst meiden.

Achten Sie darauf, dass Ihre Kinder immer ausreichend gegen Tetanus geimpft sind. Wenn nach dem Verzehr einer Pflanze heftige Reaktionen auftreten, sollten Sie möglichst ein Stück dieser Pflanze mit zum Arzt oder ins Krankenhaus nehmen.

GARTENGÄSTE

Sommerflieder, der aus gutem Grund auch Schmetterlingsflieder genannt wird, wächst schnell und ist attraktiv. Kinder lieben Marienkäfer, die obendrein nützlich sind, denn sie vertilgen große Mengen von Blattläusen, die sonst leicht den Jungpflanzen den Garaus machen könnten.

In einem kleinen, flachen Teich finden sich bald Frösche, Kröten, Wasserläufer und Libellen ein. Kleine Kinder dürfen aber nie unbeaufsichtigt an einem Teich spielen – auch nicht für wenige Minuten.

OBEN Vogelscheuchen lassen sich aus allerlei Resten bauen, etwa alten Obstkisten, Eimern und abgebrochenen Besenstielen. Haare aus Stroh und ein alter Hut dürfen natürlich nicht fehlen.

OBEN LINKS Kinder finden vor allem Gartenbereiche interessant, in denen viel passiert. Sonnenblumen und Zucchini wachsen so schnell, das man fast zuschauen kann. Auch Wigwams mit Stangenbohnen oder Erbsen kommen bei Kindern gut an.

FAMILIENGARTEN

Winfried und Heather wollten einen Familiengarten anlegen, der – je nach Bedürfnis – Raum für Gemeinschaft und für Rückzug bietet. So gestalteten sie einerseits einen Spielbereich für Ella (6 Jahre) und Leo (4 Jahre), andererseits einen Platz zum Essen und Ausruhen. Große Glastüren auf der Gartenseite des Hauses lassen sich weit öffnen und sorgen dafür, dass die Kinder beaufsichtigt sind, wenn sie allein im Garten spielen.

LINKS Auf einer Schaukel kann man viele schöne Stunden zubringen. Diese ist an einem modernen Holzgestell aufgehängt, das auch Platz für ein Kletterseil bietet. Auf dem Holzdeck darunter stehen Kübelpflanzen und Kletterpflanzen an Spalieren

RECHTS Die große Schiebetür schafft Platz im Haus. Im Sommer wird sie weit geöffnet, dann können Mahlzeiten auf dem großen Holzdeck eingenommen werden. Durch die riesigen Scheiben sind die Kinder auch dann unter Aufsicht, wenn sie allein im Garten spielen.

LINKS Ella spielt gern in dem Haus, das ihr Vater gebaut hat. Klappen und Fensterläden lassen sich in verschiedene Richtungen öffnen und können so mal als Fensterbrett, mal als Tresen benutzt werden.

Das kleine, moderne Spielhaus hat Winfried selbst entworfen und aus wasserfest verleimtem Sperrholz gebaut. Hier fühlen sich die Kinder wohl. Es hat witzige Details wie eine zweiteilige Tür und Fenster in unterschiedlichen Formen, deren Fensterläden sich in verschiedene Richtungen öffnen lassen. Nach unten geklappt dienen sie als Fensterbank oder, wenn gerade Einkaufen gespielt wird, als Tresen. Pfiffig ist auch die Farbkombination aus leuchtendem Blau und kräftigem Rosa. Drinnen ist Platz für eine Spielküche und einen Mini-Wäscheständer sowie einige Kindermöbel. Die Kinder spielen so oft hier, dass Winfried sich gelegentlich ärgert, es nicht größer gebaut zu haben.

Auf der Dachpappe wurde eine Bambusmatte befestigt, die zu den Bambuszäunen im übrigen Garten passt. Das schräge Pultdach erinnert mehr an eine Präriehütte als an ein konventionelles Spielhaus.

Gleich neben dem kunterbunten Spielhaus liegt die Sandkiste, die ebenso gern von einer Vielzahl von Personen – echten und ausgedachten – benutzt wird. Sie wurde aus einem Komplettset gebaut, zu dem auch ein Netz gehört, um sie vor nächtlichen Besuchen durch Katzen und Hunde zu schützen. Weil sie hinter einem Holzdeck versteckt liegt, sind all die Utensilien wie Eimer, Schaufeln und Förmchen, die die Kinder für ihre Spiele oder für komplizierte Sandburgen-Bauwerke brauchen, vom Haus aus nicht zu sehen.

Kinder zwischen drei und sieben Jahren scheinen eine besonders blühende Phantasie zu haben, Ella und Leo machen da keine Ausnahme. Im Garten laufen sie zu Hochform auf. Das moderne Spielhaus und einige Utensilien reichen aus, um alle – Erwachsene und Haustiere eingeschlossen – stundenlang zu unterhalten. Mit Begeisterung erfinden sie phantastische Situationen oder verlieren sich in spielerischen Alltagshandlungen wie dem Zubereiten von Mahlzeiten, dem Ausschimpfen ungezogener Spielzeuge oder dem Nachahmen anderer Verhaltensmuster

RECHTS In der Spielküche, die man durch das runde Fenster erkennen kann, wurden schon die sagenhaftesten Mahlzeiten zubereitet. Sie ist mit kindgerechten Utensilien ausgestattet und passt perfekt in die Ecke des Spielhauses.

LINKS Der kleine Wäscheständer wird nicht nur zum Spielen benutzt, sondern auch zum Trocknen der Servietten der Erwachsenen.

Erwachsener. Diese Spiele können viel Zeit in Anspruch nehmen. Weil der Spielbereich separat liegt, bekommen so auch die Erwachsenen etwas Ruhe und können gleichzeitig ein wachsames Auge auf die Kinder haben, falls einmal zu verwegen geklettert wird oder ein Geschwisterstreit aus dem Ruder läuft. Die Kinder andererseits haben das Gefühl, einen eigenen Bereich zu besitzen, in dem sie von den Erwachsenen nicht gestört werden. Das ist heute für viele Kinder eine Seltenheit.

Ella und Leo lieben ihren Spielbereich. Wenn Freunde zu Besuch kommen, sind sie stundenlang im Garten verschwunden – bei jedem Wetter. Die Erwachsenen werden nur gestört, wenn Hunger oder Durst zu groß werden, wenn ein Theaterstück aufgeführt werden soll oder wenn für ein Phantasiespiel noch Mitspieler gebraucht werden.

OBEN Der Garten wurde so angelegt, dass die Kinder reichlich Platz zum Spielen haben. Leo kann mit seinem Fahrrad umherflitzen, ohne dabei Blumen zu zerstören.

RECHTS Bei gutem Wetter bauen Ella und Leo gern Sandburgen. Die Sandkiste ist in das Holzdeck eingelassen. Wenn die Kinder genug gebuddelt haben, wird es einfach abgefegt.

OBEN Ein Streifen aus Kieseln trennt Rasen und Sandkiste und bildet einen attraktiven Rahmen für den Spielbereich. Auf eingelassenen Trittbrettern finden auch selbst gezogene Pflanzen in Töpfen Platz.

LINKS Die Sandkiste aus Hartholz stammt aus einem Fertig-Bausatz. Der breite Rand verhindert, dass zu viel Sand daneben fällt.

PROJEKT

PARTYGIRLANDE

Diese moderne Girlande für ein Gartenfest ist preiswert und mit wenig Aufwand gemacht. Silberne und violette Stoffstücke werden einfach an eine Jutewäscheleine geknotet.

Die traditionelle Wimpelkette, die man von Segelregatten und Gartenparties kennt, lässt sich auf vielerlei Weise variieren und jedem Anlass anpassen. Farbe, Muster und Stoff sorgen für immer andere Effekte, passend für eine Sommerparty, ein Halloween-Fest oder andere Gelegenheiten. Es bleibt Ihnen überlassen, wie aufwändig Sie die Fähnchen gestalten. Die Wimpel in Lila und Silber wurden akkurat mit der Maschine genäht, während für die lustige Halloween-Girlande einfach gerissene Streifen von Baumwollstoff verwendet wurden. In einem kleinen Garten braucht man weniger Fähnchen, sollte die Abstände aber kleiner wählen, um einen bestimmten Bereich zu markieren. In einem großen Garten könnte man auch größere Fahnen in weiten Abständen verwenden. Im Haus kann man die Girlande an Gardinenstangen oder Türscharnieren befestigen, und für besondere Gelegenheiten ersetzt man die Juteschnur durch dicke Silber- oder Goldkordel. Rustikal dagegen wirkt naturfarbener oder eingefärbter Bast.

MATERIAL UND WERKZEUG

❖ Papier und Bleistift ❖ Schere ❖ 3 Meter violetter Stoff (115 cm breit) ❖ 2 ½ Meter silberner Stoff (115 cm breit) ❖ Garn in Violett und Silber ❖ Nähmaschine ❖ 12 Meter Jutewäscheleine zum Aufhängen (für 40 Fähnchen)

1 Zuerst eine Papierschablone für die violetten Fähnchen zuschneiden. Hier haben sie eine Länge von 43 Zentimetern und eine Breite von 15 Zentimetern. Mit der Schablone den Stoff zuschneiden, dabei rundum einen Zentimeter Nahtzugabe addieren. Jeweils zwei Stoffstücke rechts auf rechts zusammenstecken und mit der Maschine zusammennähen. Ein Stück Naht zum Wenden offen lassen.

2 Alle Ecken abschneiden, damit sie nach dem Wenden glatt liegen. Die Fähnchen wenden und bügeln. Die silbernen Flaggen etwas kleiner zuschneiden (hier 40 Zentimeter lang und 12 Zentimeter breit) und ebenso verarbeiten.

Für eine Girlande von 12 Meter Länge brauchen sie 20 Fähnchen in jeder Farbe. So bleibt an den Enden genug Leine zum Festbinden der Girlande frei. Die Fähnchen in Abständen von etwa 15 Zentimetern an der Leine festknoten. Die Girlande zwischen Bäumen oder Bambusstangen aufhängen.

OBEN Die Halloween-Girlande ist noch schneller fertig. Gerissene Streifen aus orangefarbenem und schwarzem Baumwollstoff werden für ein improvisiertes Fest im Kürbisbeet einfach an eine Leine geknotet.

PROJEKT

MINIATUR-GARTEN

Kinder haben viel Spaß daran, in einer alten Obstkiste einen Minigarten anzulegen. Dabei lernen sie nebenbei eine Menge über das Pflanzen und Säen.

Ein gartenbegeisterter Erwachsener erinnert sich gern, wie er als Kind mit den Eltern den Garten durchstreifte, Vögel und Insekten beobachtete, die ersten Krokusblüten bestaunte und vielleicht sogar beim Jäten half. Dieses Projekt soll bei kleineren Kindern das Interesse am Garten wecken. Sie lernen nicht nur etwas über Pflanzen und darüber, dass ein Gärtner Geduld braucht, sondern erkennen auch den Sinn der Aufteilung in mehrere Bereiche.

Ehe Sie mit dem Pflanzen beginnen, machen Sie eine Skizze des Mini-Gartens und überlegen Sie, welche Pflanzen Ihrem Kind gefallen könnten. Bleiben Sie aber flexibel, denn im Gartencenter entstehen oft neue Ideen. Achten Sie darauf, dass die Pflanzen nicht zu groß für das Gefäß werden.

Anstelle einer Obstkiste könnte man auch ein Erdsieb oder einen Zinktrog verwenden, den man im Gartencenter bekommt. Zum Aussäen eignen sich Senf, Kresse, Katzengras *(Avena sativa)* oder Gras, das aber nicht ganz so hübsch ist. Auch Zwergbohnen, Petersilie, Schnittlauch und Knoblauch lohnen einen Versuch. Blumen, die bei Kindern immer gut ankommen, sind Veilchen, Stiefmütterchen, Traubenhyazinthen und Zwergnarzissen. Kleine alpine Pflanzen oder eine Zwergkonifere sorgen für Abwechslung.

Denken Sie neben den Pflanzen auch an gestalterische Elemente, etwa einen Rankbogen aus Draht, eine kleine Schubkarre oder einen Zaun aus Eisstielen. Und seien Sie offen für Vorschläge der Kinder.

OBEN Im Schatten der Walderdbeere liegt die Haustierecke, wo die Kaninchen vor ihrem Stall einen Auslauf haben.

LINKS Eine Schubkarre und winzige Gartengeräte lassen den Garten überzeugend aussehen und passen gut in den Gemüsebereich mit Knoblauch und Schnittlauch. Wenn ein echter Garten doch auch so leicht zu pflegen wäre!

MATERIAL UND WERKZEUG

❁ Obst- oder Gemüsekiste aus Holz ❁ Ungiftige Farbe oder Lasur für den Außenbereich ❁ Robuste, schwarze Folie zum Auslegen ❁ Drainagematerial (z. B. Tonscherben, Kies oder Styroporchips) ❁ Universal-Pflanzsubstrat ❁ Kleine Pflanzen in Töpfen (z. B. Walderdbeeren, Buchsbaum, Schnittlauch, Knoblauch, Veilchen, Ilex und eine Zwergkonifere) ❁ Eisstiele ❁ Rosenschere ❁ Klebstoff ❁ dünner Blumendraht ❁ Kies, kleine Steinchen, Plastiktiere etc., nach Wunsch ❁ Samen, z. B. Katzengras, Senf- oder Zwergbohnen ❁ Moos

1 Verwenden Sie eine Obst- oder Gemüsekiste in ausreichender Höhe für die Pflanzen in Töpfen. Die Kiste von außen in einer Farbe streichen, die zum Garten passt. Boden und Seiten der Kiste mit stabiler Plastikfolie auslegen. Am Boden in die Folie einige kleine Drainagelöcher

1

2

3

stechen. Dann das Drainagematerial einfüllen. Styroporchips haben den Vorteil, dass sie leicht und porös sind. Kies oder Tonscherben sind aber ebenso geeignet. Dann die Kiste bis 2,5 Zentimeter unter den Rand mit Substrat füllen.

Die Bereiche des Gartens sowie Wege, Zäune, Teiche und Rankbögen grob anzeichnen. Ehe sie endgültig angelegt werden, die Topfpflanzen einsetzen.

2 Für den Zaun die Eisstiele eventuell mit der Rosenschere zuschneiden und auf eine quer liegende Reihe aus Stielen aufkleben. Wer den Zaun streichen möchte, sollte das vor dem Verkleben tun. Aus solchen Stielen kann man auch kleine Schuppen, eine Rutsche oder einen Rankbogen bauen.

3 Für den Bogen zwei Stücke Blumendraht abschneiden und verdrillen, dann rund biegen und in das Substrat stecken. Eine Girlande aus künstlichen Minirosen oder einem Efeutrieb aus einem Topf darum winden.

Jetzt andere Dekorationen einfügen, etwa Kies- und Steinwege, winzige »Kübel«, Blumentopf-Untersetzer mit Wasser und Mohrrüben-Schöpfen, kleine Bänke, Plastiktiere oder Vogelscheuchen. Anschließend das Substrat behutsam anfeuchten, nach Wunsch Samen ausstreuen und leicht andrücken. Zum Schluss Moos in die seitlichen Schlitze der Kiste schieben, um die Folie zu verdecken. Der kleine Garten sollte hell, aber nicht in der prallen Sonne stehen und muss regelmäßig gegossen werden.

LINKS UND OBEN Dieser märchenhafte Minigarten ist noch kleiner als der Obstkistengarten: er passt in ein altes Erdsieb. Die Muschelsammlung des Kindes wurde hier als Dekoration verwendet. Größere Muscheln dienen als Teiche, in denen die kleineren Exemplare neben Kieseln liegen. Gepflanzt wurden Traubenhyazinthen *(Muscari latifolium)*, rosa Steinbrech *(Saxifraga x arendsii)* und Efeu.

GANZ LINKS Winzige Kiesel bilden die Wege und grenzen die Bereiche des Gartens ab. Die Pflanzen erst aus den Töpfen nehmen, wenn ihr endgültiger Standort im Minigarten fest stent.

Als Hilfe beim Nacharbeiten einiger der Projekte sind die Vorlagen und Schablonen in diesem Kapitel gedacht. Mit einem Fotokopierer lassen sich die Motive für Teller, Karussell und Kissen auf jedes gewünschte Format vergrößern.

KISTENBANK AUF ROLLEN

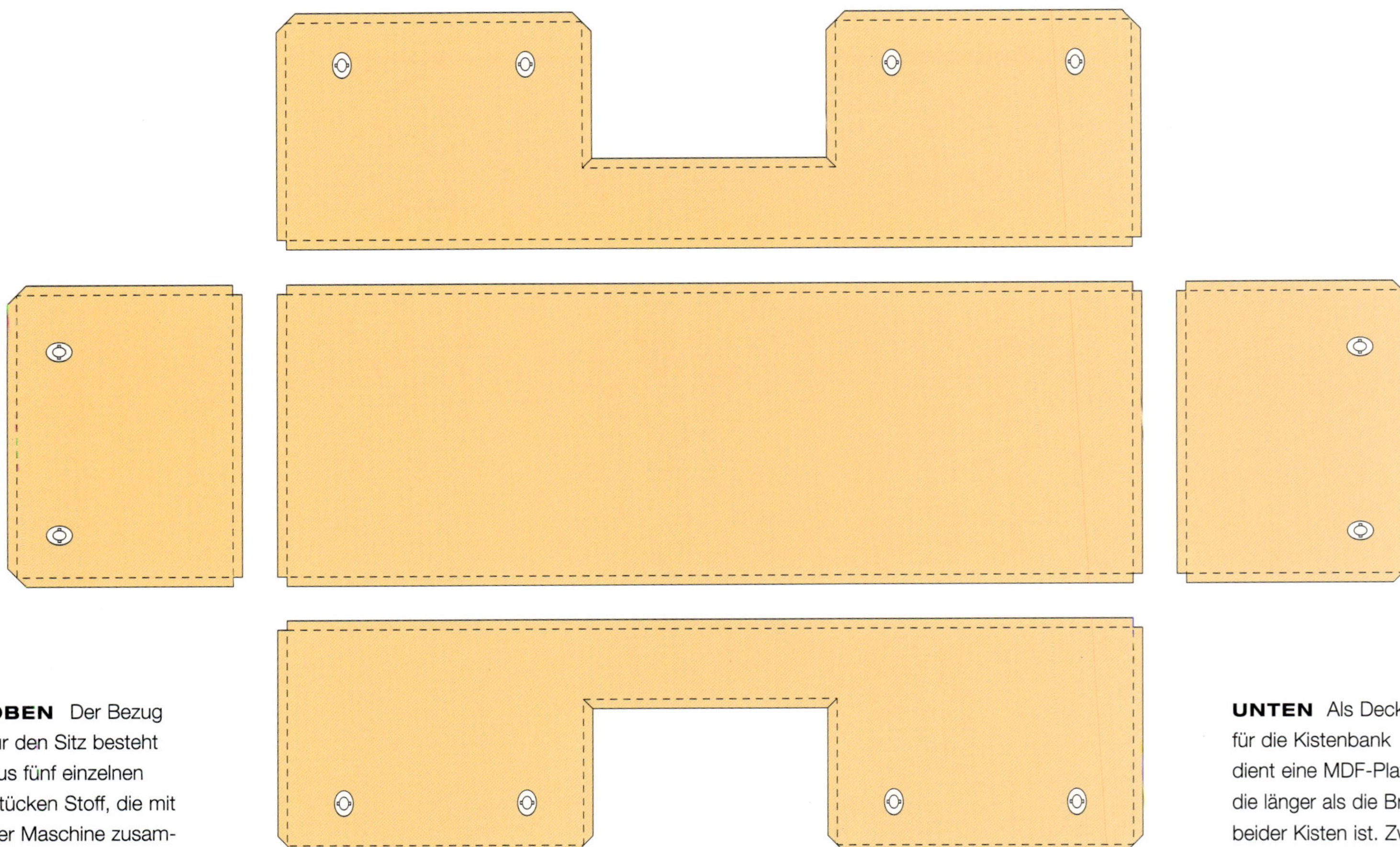

OBEN Der Bezug für den Sitz besteht aus fünf einzelnen Stücken Stoff, die mit der Maschine zusammengesteppt werden. In die Seitenklappen werden Ösen eingeschlagen, sodass sie mit den Drehriegen an den Kisten verankert werden können.

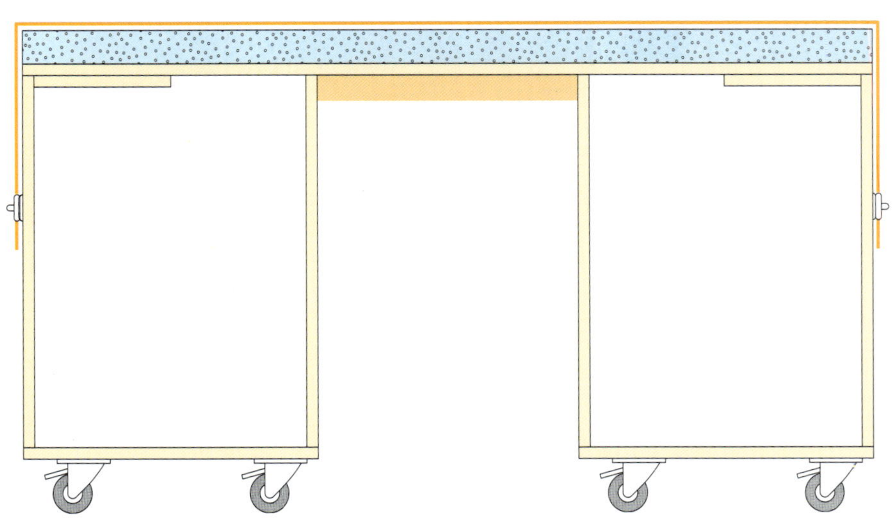

UNTEN Als Deckel für die Kistenbank dient eine MDF-Platte, die länger als die Breite beider Kisten ist. Zwei Streifen MDF-Platte in halber Kistenbreite werden von unten an die Platte geleimt oder geschraubt. Auf die Oberseite der Platte wird ein 7,5 Zentimeter dickes Stück Schaumstoff geklebt. Über diesen wird der Stoffbezug gezogen und dann mit den Drehriegeln an den Kisten befestigt.

BEMALTE TELLER

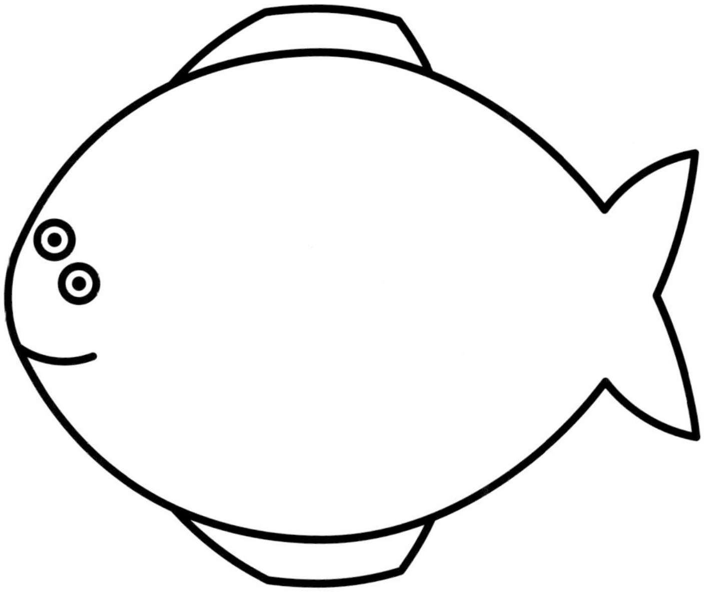

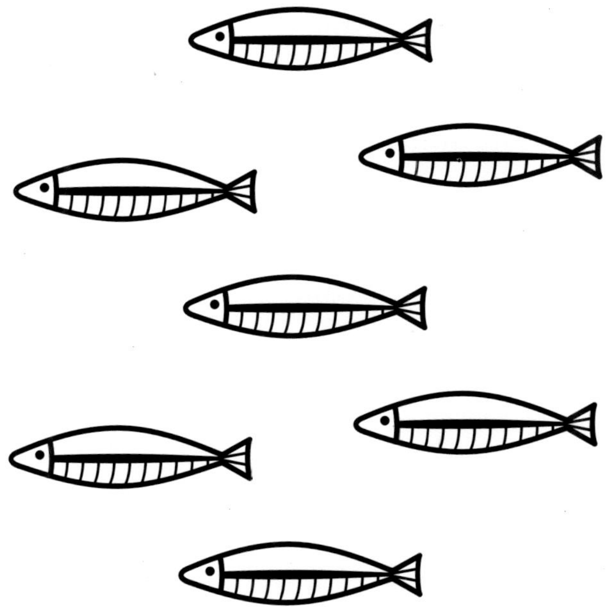

Diese einfachen Motive können Sie passend zur Größe Ihrer Teller vergrößern oder verkleinern. Sie eignen sich als Mittelmotiv ebenso wie zur Verzierung des Randes. Kinder haben Spaß daran, jedes Motiv in einer anderen Farbe auszumalen und sich weitere Details auszudenken. Keramikfilzstifte sind praktisch zum Nachziehen der Konturen sowie zum Einzeichnen von Augen, Fischschuppen und anderen Details. Wer einige Versuche mit Schablonen unternommen hat, kann auch eigene Motive gestalten. Das macht noch mehr Spaß.

FEEN-WANDBILD

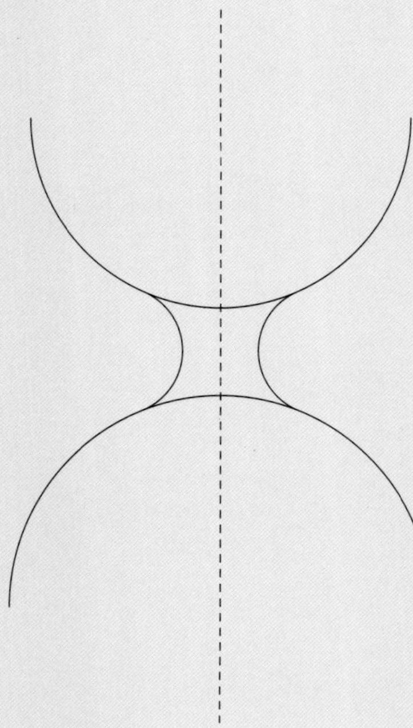

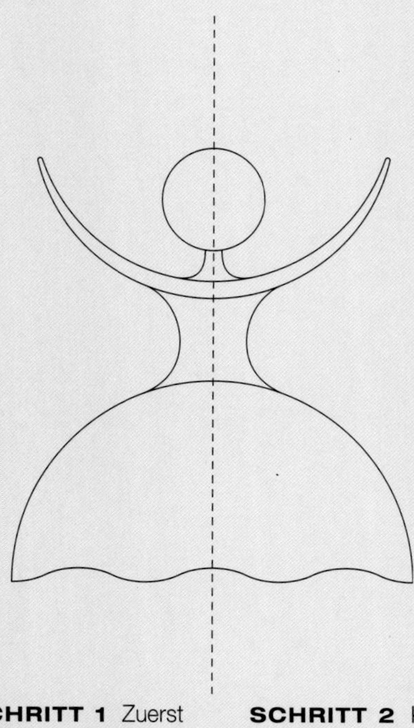

SCHRITT 1 Zuerst die Fläche vermessen, die mit dem Wandbild bemalt werden soll. Mit Bleistift eine Mittelsenkrechte einzeichnen und mit einem Zirkel zwei große Halbkreise zeichnen, die durch zwei kleinere verbunden sind.

SCHRITT 2 Kopf, Hals und zweite Linie der Arme mit dem Zirkel einzeichnen. Den Wellensaum des Rocks von Hand zeichnen.

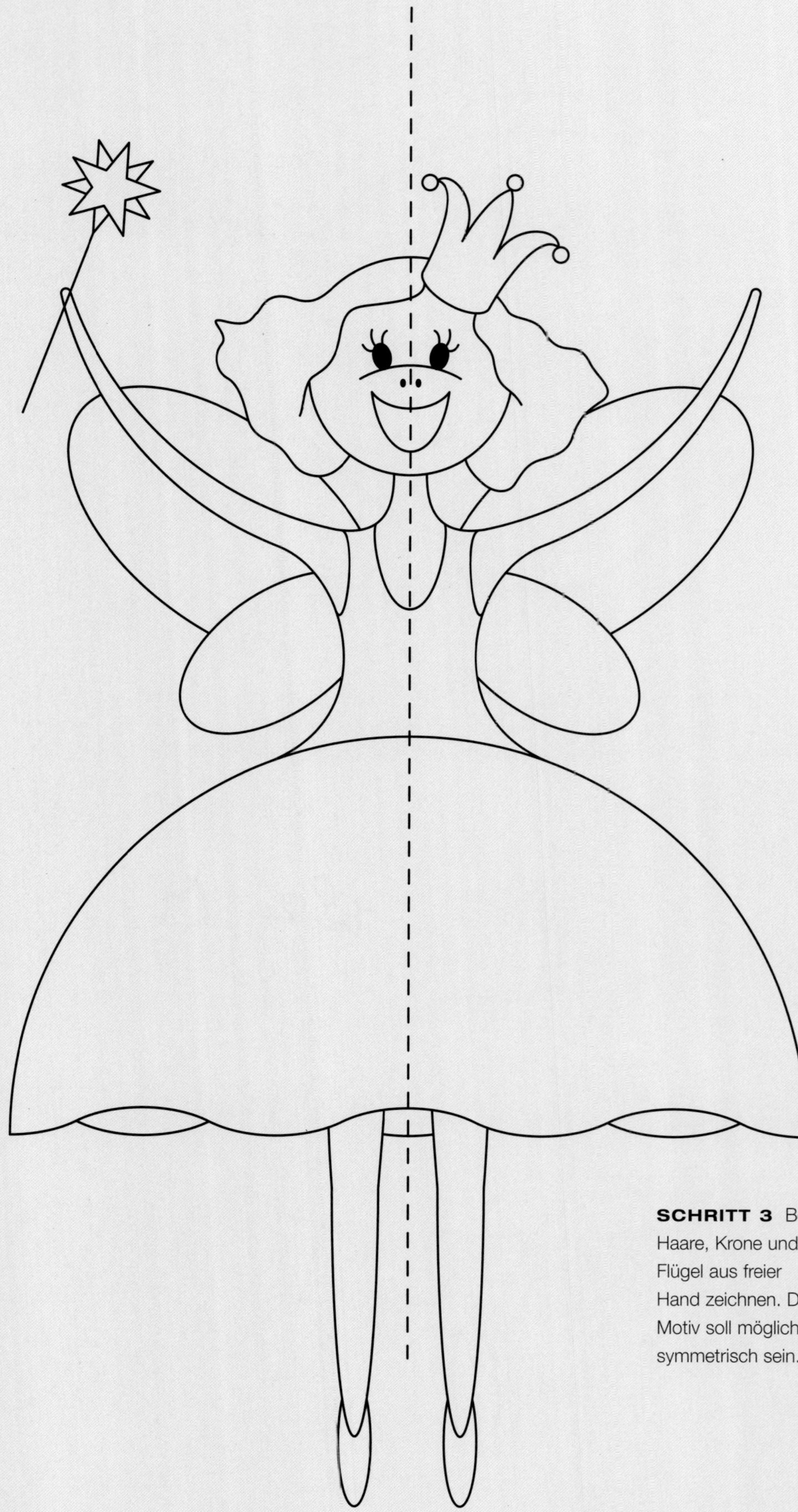

SCHRITT 3 Beine, Haare, Krone und Flügel aus freier Hand zeichnen. Das Motiv soll möglichst symmetrisch sein.

BELEUCHTETES KARUSSELL

Die Grundformen der Tiere werden durch mehrere Schichten aus verschiedenfarbigem Filz und Stickereien lebhafter gestaltet. Wer mag, zeichnet statt dessen andere Tierfiguren aus einem Kinderbuch ab.

DUFTENDES SCHLAFKISSEN

Der Wal besteht aus einem Stück Stoff mit einfacher Konturführung, auf das drei hellere Stücke aufgeklebt und nachgesteppt werden. Man kann ihn von Hand oder mit der Maschine nähen.

BEZUGSQUELLEN

KINDERMÖBEL

Fast alle großen Möbelhäuser und Versandhäuser bieten Kindermöbel und Accessoires unterschiedlicher Stile an.
Einbauten nach Maß fertigen viele Tischlereien an. Betriebe, die sich auf Innenausbau spezialisiert haben, erfahren Sie über die Innung oder die Handwerkskammer.

Billi-Bolli Kindermöbel GmbH
Gartenstr. 2
D- 85570 Ottenhofen
Tel.: 0 81 21 / 2 25 95 97
Fax: 0 81 21 / 38 63
www.billi-bolli.de
billi-bolli@t-online.de
u.a. Abenteuerbetten

Cabinet Schranksysteme AG
Postfach 7125
50150 Kerpen
Tel.: 0 22 75 – 92 03 60
Fax: 0 22 75 / 92 03 65
www.cabinet.de
Stauraumlösungen

Car Selbstbaumöbel
Ellerbrookskamp 4
22397 Hamburg
Tel.: 0 40 / 6 05 00 71
Fax: 0 40 / 6 05 49 36
www.car-Moebel.de
unbehandelte Möbel, selbst zusammenbauen und nach Wunsch streichen/behandeln

Gartenhauszentrum Geiger
Robert Geiger GmbH
Karlstrasse 55
74405 Gaildorf
Tel.: 0 79 71 / 70 24
Fax: 0 79 81 / 2 13 64
info@gartenhauszentrum.de
Spielhäuser, Spielgeräte für den Garten

Habitat:
www.habitat.net
Schadow Arkaden
Berliner Allee 15
40212 Düssendorf
Tel.: 02 11 / 86 50 90
Fax: 02 11 / 13 50 14

Neuer Wall 54
20354 Hamburg
Tel.: 0 40 / 35 76 58-0
Fax: 0 40 / 35 73 58-15

Calwer Straße 33
70173 Stuttgart
Tel.: 0711 / 2 22 79 0
Fax: 0711 / 2 22 79 15

Neumarkt 12
50667 Köln
Tel.: 02 21 / 9 20 15 00
Fax: 02 21 / 9 20 15 015
Möbel, Accessoires

Holzwerkstatt Astrein
Am Schmiedeberg
23758 Wasbuck
Tel.: 0 43 82 / 14 03
Fax: 0 43 82 / 92 05 41
Einbaumöbel und frei stehende Möbel nach Maß

Ikea
Service-Tel.:
01 80 / 5 35 34 35
www.ikea.de

INVENTAS GmbH
Weiern 171
D-52078 Aachen
Tel.: 02 41 / 8 79 53 41
Fax: 02 41 / 8 79 53 49
kontakt@inventas.de

Octopus Handels-GmbH
Lehmweg 10B
20251 Hamburg
Tel.: 0 40 / 4 20 11 00
Fax: 0 40 / 4 20 12 00
www.octopos-versand.de
Möbel, Aufbewahrung, Accessoires

Shaker Heritage
Heinrich Eggert Import
Loogestraße 6
20249 Hamburg
Tel.: 0 40 / 4 60 41 94
Fax: 0 40 / 4 60 24 70
Möbel und Accessoires im Shaker-Stil

silenta Produktions-GmbH
Würzburger Str. 11
96157 Ebrach
Tel.: 0 95 53 / 317
Fax: 0 95 53 /-320
silenta@t-online.de
http://www.silenta.de
Kindermöbel

Team 7 –
Natürlich Wohnen GmbH
Postfach 7329
94054 Packing
077 52 / 97 71 46

Österreich:
Braunauer Straße 26
A-4910 Ried / Innkreis

Schweiz:
Mugerenmatt 33
CH-6330 Charm
Naturholz-Möbel

WOODLAND-Kindermöbel GmbH
Rostocker Strasse 14
D-41540 Dormagen
Tel.: 0 21 33 /24 82 10
Fax: 0 21 33 / 24 82 17
info@woodland.de
www.woodland.de

NATURTEXTILIEN

Ein begrenztes Angebot an Naturtextilien findet man auch in Bioläden und Reformhäusern.

PANDA Versand
Fürther Str. 205
90429 Nürnberg
Tel.: 01 80 / 5 88 90
Fax: 01 80 / 5 23 23 20
www.panda.de
Naturtextilien, auch Möbel und Accessoires

Hess Natur-Textilien GmbH & Co. KG
Hessenring 82
61348 Bad Homburg
Tel.: 01 80 / 5 35 68 00
Fax: 01 80 / 5 35 68 08
www.hess-natur.de
Naturtextilien, Bettwaren, Kleidung

Kunterbunt
Untere Siedlerstr. 2a
97285 Röttingen
Tel.: 09338 / 99832
Fax: 09338 / 99831
info@kinder-naturtextilien.de.
www.kinder-naturtextilien.de

Jonas natur
Wilhelm Hödl
84028 Landshut
Maximilianstr. 22
Tel.: 08 71 / 8 00 08 90
Fax: 08 71 / 8 00 08 90
service@jonas-natur.de

Kaspers Naturtextilien
Bahnhofstraße 8a
48351 Everswinkel
Tel.: 0 25 82 / 6 56 37
Fax: 0 25 82 / 6 56 87
www.naturtextilien-kasper.de

FARBEN, TAPETEN, BODENBELÄGE

Stoffe und Tapeten mit Dekoren für Kinder sind im einschlägigen Fachhandel zu bekommen. Viele Farbhersteller stellen inzwischen auch spezielle Serien mit geringstem Gehalt an gesundheitsschädlichen Substanzen her.
Effektfarben für großflächige Wandgestaltungen findet man im Farben-Fachhandel. In Bastelgeschäften findet man ein wesentlich größeres Angebot an Effektfarben, allerdings sind die Gebinde meist recht klein und eignen sich eher für kleinflächige Dekorationen.
Wer Spaß am Experimentieren hat, kann Effektfarben auch selbst herstellen. Flitter und Pigmente (farbig, Metall, Perlglanz etc.) werden einfach in Klarlack oder eine Mischung aus Weißleim und Wasser (Verhältnis 1:1) eingerührt und auf einen grundierten Untergrund aufgetragen.

Designers Guild
Dreimühlenstraße 38 a
80469 München
Tel.: 0 89 / 2 31 16 20
www.designers-guild.com
Tapeten, Farben, Stoffe

Dulux Farben
ICI Lacke Farben GmbH
Postfach 940
40709 Hilden
Tel.: 0 21 03 / 711
Fachberatung:
Tel.: 01 80 / 5 24 00 42
Fax: 01 80 / 5 24 00 22

Dulux Farben Österreich
Schwarzenbergerplatz 7
A-1037 Wien
Tel.: +43 / 660 / 82 64

Jaeger & Stipak
Ulmer Straße 30/1
73728 Esslingen
Tel.: 07 11 / 3 16 44 68
Fax: 07 11 / 3 16 44 69
Bodenbeläge

Junckers Parkett GmbH
Heinrichstraße 169
40239 Düssendorf
Holzböden

cara Service- und Handelsgesellschaft mbH
–bauscouts.de-
Wintgenhof 10
45239 Essen
Tel. 02 01 / 8 40 57 58
Fax 02 01 / 8 40 59 71
info@bauscouts.de
www.bauscouts.de
Naturfarben ohne gesundheitsschädliche Inhaltsstoffe

Sehestedter Naturfarben
Adolf Riedl
Alter Fährberg 7
24814 Sehestedt
Tel.: 0 43 57 / 10 49
Fax: 0 43 57 / 7 50
info@chito.com
Naturfarben

DLW Aktiengesellschaft
74319 Bietigheim-Bissingen
Tel.: 0 71 42 / 7 16 76
Fax: 0 71 42 / 7 18 40
Echtes Linoleum

ÖKOLOGISCH LEBEN

Wer auf der Suche nach organischen, ökologisch unbedenklichen Produkten für die Kinderzimmerausstattung und -gestaltung ist, sollte sich einmal im örtlichen Bioladen umsehen. Größere Geschäfte bieten oft auch Naturtextilien, Holzspielzeuge und gelegentlich Farben an. Doch auch wenn solche Produkte nicht im Sortiment sind, kann man Ihnen meist organisch orientierte Anbieter in der näheren Umgebung nennen. Auch Adressen von Handwerksbetrieben, die sich auf ökologische Materialien spezialisiert haben (z.B. Tischlereien, Malereibetriebe), kann man dort erfragen.
Ein umfassendes Spektrum von Anbietern ist im alternativen Branchenbuch enthalten (nach Stichworten und Postleitzahlen geordnet), das im Buchhandel zu haben ist.

Links

www.architektenkammer.de
mit Suchfunktion nach Postleitzahlen

www.gartentechnik.de
Linksammlung, u.a. Spielgeräte / Spielhäuser

www.baulinks.de
Linskammlung zum Thema Bauen / Wohnen / Einrichten

www.kinder-stadt.de
Linksammlung rund ums Baby

www.allergate.de
Online-Shop für Allergiker-Produkte, u.a. Bettwaren, Kleidung

www.babywelt.de
Linksammlung

www.oekoadressen.de
online-Branchenbuch

www.wlw.de
»Wer liefert was?«
umfangreiche Linksammlung

S

T

U

V

W

Z